LAS VOCES DE MÁLAGA

Antonio Manuel Ávila Muñoz
Álvaro Molina García
Juan Andrés Villena Ponsoda
Georgios Sionakidis

LAS VOCES DE MÁLAGA

Reconstrucción histórica y archivo sonoro
de la Ciudad Lingüística

GRANADA, 2024

Este trabajo ha sido financiado con fondos procedentes de la ejecución del Proyecto de Investigación *Agenda 2050. El español de Málaga. Procesos de variación y cambio espaciales y sociales* (PID2019-104982GB-C52) del Ministerio de Ciencia e Innovación

En este libro se expone una serie de ejemplos sonoros del habla de la ciudad de Málaga. Se encuentran todos ordenados en una misma carpeta a la que se puede acceder escaneando el código QR que aparece más abajo. Además, en esta obra se presentan las transliteraciones de todos los ejemplos. Estas aparecen tanto enriquecidas con etiquetas y marcas, destinadas a la consulta por parte de la comunidad científica e investigadora familiarizada con el lenguaje html para la marcación de corpus, como en formato plano, libres de cualquier anotación, para facilitar la consulta al lector no especializado:

Este trabajo está dedicado al profesor
Juan Andrés Villena Ponsoda, quien nos enseñó el camino

SUMARIO

LAS VOCES DE MÁLAGA
LA LENGUA EN EL TIEMPO:
POLVO DE ESTRELLAS

Francisco Moreno Fernández
Universität Heidelberg

La lengua —el lenguaje— es un sistema dinámico y adaptativo, cuya base neuro-cognitiva dialoga permanentemente con el entorno sociocultural en que se manifiesta. Esta afirmación encierra dos implicaturas de gran importancia para comprender el funcionamiento de las lenguas y sus variedades. La primera es que las lenguas cambian, evolucionan permanentemente, creando una cadena de causalidades cuyas consecuencias pueden prolongarse en el tiempo de forma imprevisible. La segunda implicatura conecta con el principio científico de localidad: el comportamiento de un objeto en el futuro solo depende de las condiciones actuales en su entorno inmediato; esto supone que los principios básicos que rigen las lenguas siempre actúan localmente.

Cuando los lingüistas deciden poner su esfuerzo en analizar e interpretar las variadas formas que una lengua adquiere en una comunidad, recurren a los instrumentos episte-mológicos que la lingüística pone a su disposición. Y así se comprueba que la variación lingüística está indefectiblemente ligada al cambio lingüístico y que entre ambos forman un tándem analítico indisoluble, de modo que el pasado viene a incorporarse al presente para, desde aquí, proyectar el futuro. Ciertamente, la historia de la lengua puede construirse sobre hitos significativos, documentos determinantes y personalidades rompedoras, que jalonan la historia oficial y grandilocuente de los pueblos. Pero la lengua también se edifica día a día, palabra a palabra, en la vida cotidiana de las comunidades. Azorín hablaba de la «historia menuda» y Ortega y Gasset reconocía la trascendencia de esa perspectiva:

> «Azorín ve en la historia no grandes hazañas ni grandes hombres, sino un hormiguero solícito de criaturas anónimas que tejen incesantemente la textura de la vida social, como las células calladamente reconstruyen los tejidos orgánicos».

Las Voces de Málaga nos presenta algunos aspectos fundamentales del español hablado durante las últimas décadas en Málaga. Y lo hace, no recurriendo a los discursos de los próceres más facundos o a la narración de hechos extraordinarios, sino recompo-niendo pedacitos de la historia reciente del español recolectados desde ese hormiguero de criaturas anónimas que construyen cada jornada el habla malagueña.

Las tareas de investigación cuyos resultados aquí se ofrecen tienen un mérito extraordinario, por varias razones. Una de ellas es que los autores abordan el empeño como una pieza más del complejo rompecabezas que supone la comprensión de la variación y el cambio lingüístico en el habla malagueña. Además del estudio de la historia reciente del español, los autores han abordado previamente otros muchos proyectos sociolingüísticos, interesándose por la pronunciación, la gramática o el léxico, con técnicas tan rigurosas como fructíferas. Otra razón que avala el mérito de esta obra reside en la valentía y la decisión para trabajar desde una metodología que implica enormes dificultades técnicas, prácticas y humanas. Reunir materiales de múltiples fuentes, de calidad desigual y contenido diverso, para después proceder a su análisis, es una ardua labor que sobrepasa el conocimiento del experto para exigir el entusiasmo de la persona. Por otro lado, resulta enormemente meritorio conseguir la colaboración de ciudadanos particulares que contribuyan a un mejor conocimiento de su modalidad lingüística y, en definitiva, de ellos mismos y de su pasado. Realmente, *Las Voces de Málaga* es un ejemplo de la «historia menuda» azoriniana. Aquí se hace realidad la idea de que cada individuo, por humilde que sea, compendia la historia de su cultura y de su modalidad lingüística. Walt Whitman lo expuso de modo más poético en su *Canto a mí mismo*: «Yo soy inmenso… y contengo multitudes».

La reconstrucción histórica de una modalidad lingüística —en este caso, la del español malagueño— es una labor importante, ya que permite reconstruir la lengua de épocas pretéritas y, de esta forma, comprender mejor la evolución del habla en sus distintas variantes. Esto nos conduce a una más cabal y fundamentada comprensión de las hablas modernas y, como empresa en cierto modo arqueológica, nos carga de razones para conservar decididamente nuestro patrimonio lingüístico. Todo ello se hace posible por obra y arte de este *Las Voces de Málaga*.

La variación y el cambio en entornos como el malagueño ofrecen en la práctica soluciones ilimitadas, pues la realidad lingüística se presenta como una infinitud de manifestaciones, pasadas, presentes y potenciales, en las que lo lingüístico se entrelaza con lo psicológico, lo social, lo cultural… Ante tal complejidad, podría pensarse, como hizo Einstein sobre el universo, que el hecho de que la lengua sea comprensible es un auténtico milagro. Por ello el estudio de las variedades lingüísticas y sus cambios debe abordarse como empresa colectiva, con el propósito de hallar entre muchos el conjunto de mecanismos que nos permite darles sentido en cada entorno. No cabe trabajar sobre percepciones individuales, que tan solo dan acceso a una porción de la realidad, sino desde un esfuerzo continuo y mancomunado.

Los astrónomos han explicado que los átomos y moléculas que nos configuran como seres vivos proceden de desechos de estrellas que desaparecieron hace miles de años. En la evolución de la lengua, los elementos que desaparecieron hace siglos, décadas o lustros también han podido prolongar su existencia, aunque mutada, en las lenguas del presente. Las palabras del hoy son polvo de estrellas lingüísticas que se resisten a extinguirse y que nos hacen entender lo que somos por lo que fuimos.

Heidelberg - Santiago de Chile, 10 de noviembre de 2023

1

INTRODUCCIÓN

I

Esta investigación se basa en documentos audiovisuales que muestran las voces de los ciudadanos de Málaga y los significados que emergen en sus interacciones bajo muy diversas circunstancias. La recuperación, catalogación y estudio de retazos de la vida social de más de medio siglo atrás ayudarán a entender por qué es hoy así la sociedad malagueña —con sus costumbres, pautas de conducta o de consumo, modos de conversar, de construir frases o de pronunciarlas, formas de tratamiento, léxico— y por qué ha cambiado tanto desde mediados del siglo pasado. El estudio de la configuración sociolingüística actual de la ciudad ha puesto de manifiesto importantes cuestiones (Ávila y Villena 2010; Villena y Ávila 2012; von Essen 2021), pero quedan muchos cabos sueltos. Muy sustancialmente, se trata de seguir de cerca el proceso de convergencia y modernización lingüística que ha acercado a nuestros jóvenes urbanos de hoy a los del centro de la península y los ha ido separando cada vez más de sus mayores y, con ciertas condiciones, de muchos de sus coetáneos rurales (Villena y Ávila 2014; Villena y Vida 2020).

La historiografía emplea procedimientos metodológicos fiables que nos permiten reconstruir sucesos pasados a partir de los cuales determinar su influencia en un momento determinado y, a veces, observar cómo sus efectos perduran a través de los años o incluso siglos. Entre las técnicas de reconstrucción más empleadas se encuentra la consulta de fuentes directas —primarias— o indirectas —secundarias— relacionadas con los fenómenos históricos. Las directas nos permiten acceder a esos fenómenos a través de quienes los vivieron; las indirectas suelen proceder del estudio o el comentario de las directas y, por tanto, no son coetáneas a los acontecimientos estudiados. El resultado del empleo de estos procedimientos, en cualquier caso, se materializa en una gran cantidad de información documental que se suele catalogar de manera ordenada en compendios archivísticos que se ponen al alcance de la comunidad científica y, en general, de cualquier persona interesada en el tema investigado.

Normalmente, esos documentos históricos proceden de fuentes escritas, aunque también es posible recurrir a archivos sonoros que den cuenta de los momentos de la historia más reciente. Reconstruir la historia a partir de las voces de quienes *están viviendo* los acontecimientos es una quimera cuando se trata de avatares históricos que se produjeron en épocas en las que no existía tecnología que posibilitara la recogida y el almacenamiento de los sonidos y, por tanto, solo contamos con esa opción en el estudio de épocas recientes. No obstante, pasear por la historia a través de las voces de quienes *viven* los acontecimientos estudiados supone un aliciente añadido a la fascinante aventura de estudiar el pasado para llegar a comprender el presente. No se trata solo de reconstruir un momento histórico a través de quienes lo vivieron, sino de hacerlo por medio de los testimonios de quienes lo *están viviendo* de manera directa.

Los documentos audiovisuales que nos aproximan al pasado son acontecimientos de habla con sentido completo. Estos cumplen funciones, están determinados por propósitos específicos y se desarrollan según rutinas y protocolos establecidos. Las voces de los profesionales de los medios de comunicación; las narraciones de las personas anónimas; los actos formales e informales; las historias de vida; los registros variados que muestran los documentos audiovisuales reflejan cómo afrontaban los relatos de la vida cotidiana los hablantes que hace tiempo nos dejaron o cuya vida se apaga hoy. Lengua y vida.

Al considerar estos documentos desde la perspectiva actual emerge la imagen de los cambios en la lengua que escuchamos y, en menor medida, leemos —palabras hoy poco frecuentes; sintaxis diferente; períodos con distintos conectores; pronunciación que quizás suena anticuada a veces; entonación, etc.— que reflejan los cambios en la sociedad.

La metodología de acercamiento a los datos nos ofrece dos posibilidades para estudiar los procesos de cambio lingüístico: contrastar datos tomados en dos cortes temporales diferentes («tiempo real») o inferirlos a partir de la variación sincrónica observada, sobre todo a través del espectro generacional («tiempo aparente»). Los imponderables de procedimiento que trae consigo un estudio de tiempo real lo ha convertido, incluso en la actualidad, en un proyecto ideal, relegado en la práctica por una justificable preferencia hacia los de tiempo aparente. No obstante, empezamos a vislumbrar la posibilidad de acumular importante documentación sincrónica con suficiente antigüedad como para revisar la evolución de algunos fenómenos descritos y tipificados socialmente ya a mediados de los años sesenta o principios de los setenta del siglo xx. Ello permite comprobar, no solo la evolución lingüística en tiempo real, sino también el grado de corrección y pervivencia de las inferencias obtenidas por procedimientos basados en el tiempo aparente.

II

En este trabajo se considera la identidad colectiva como un fenómeno complejo en constante desarrollo: se crea, se transforma y, en consecuencia, evoluciona en función de condicionantes históricos que la articulan. Dichos condicionantes cambian con el paso del tiempo. Algunos desaparecen y otros se incorporan; los que tenían un peso específico relevante en una época dejan de tenerlo con el transcurso de los años y viceversa. Y en todo este apasionante proceso de creación de identidades siempre son relevantes las interpretaciones que hacen las personas acerca del presente y del pasado.

Las preguntas iniciales que originan nuestra investigación son simples, aunque de profundas consecuencias identitarias: ¿se está produciendo en las sociedades actuales un rechazo a la herencia lingüística que proviene del pasado?; ¿hasta qué punto las voces del pasado nos pueden ayudar a entender los acontecimientos del presente? Determinados actores sociales dominantes han utilizado frecuentemente las variedades lingüísticas —junto a otros elementos como la religión o la etnia— para explicar la construcción de identidades colectivas (Smith 1991). Weber (1978: 922-926) considera la noción de «identidad colectiva» (básica, por cierto, para entender el concepto de «nación») como un constructo para el que en algunas ocasiones se recurre a las variedades lingüísticas, en otros a la etnia, en otros a la religión, al pasado común o a la historia compartida. Bugarski (2010: 19-21), en la misma línea, nos advierte de que la identidad lingüística no se considera el fundamento de la identidad, pero sí uno de los diversos elementos que la componen. No obstante, algunos autores consideran que la lengua es un elemento de importancia capital en la construcción de la identidad. Tabouret-Keller (1997: 317), por ejemplo, expone que la identidad individual y la identidad social están tan asociadas por la lengua que es precisamente la lengua el único elemento capaz de explicar la identidad individual y social.

Si nos alejamos intencionadamente de esta discusión que, a veces, podría parecer más ideológica que científica, nos encontramos con la evidencia de que la lengua es una poderosa herramienta de identidad a través de la cual establecemos nuestra relación con los demás. Las variedades lingüísticas son el símbolo de pertenencia a determinados colectivos y distanciamiento de otros (Amorós, 2014: 19, 21). Este valor simbólico de la lengua es conocido desde el siglo XVIII, momento en que la lengua pasó a considerarse un factor relevante en la construcción de la identidad. La lengua se ha considerado desde entonces como un arma poderosa en la lucha por las señas de cohesión e identidad colectiva.

III

Con algunas excepciones, los dialectos y lenguas estándar generalmente se documentan relativamente bien (aunque, por lo general, la documentación está en el mejor de los casos solamente disponible para los expertos), mientras que las variedades lingüísticas que están emergiendo gradualmente en el espacio entre dialectos específicos y las lenguas estándar superpuestamente relacionadas, o están poco documentadas, o no lo están en absoluto.

Dicha documentación es, sin embargo, de gran importancia, no solo para las subdisciplinas pertinentes de la lingüística, sino también para la sociedad en general y en particular para los agentes de la política lingüística y planificación lingüística, el desarrollo curricular, la educación en libertad, la prensa escrita y hablada y, en general, para la comunicación que es esencial para el mutuo ajuste de varios sectores de las sociedades modernas.

La importancia de la desaparición acelerada de los dialectos tradicionales y los cambios resultantes en fragmentación de las lenguas estándar es inmensa debido al papel desempeñado por los dialectos y lenguas estándar en las identidades locales, regionales y nacionales. Por lo tanto, es de suma importancia documentar de manera sistemática este aspecto de la herencia inmaterial lingüística, pues de esta forma se puede observar cómo los dialectos tradicionales a menudo aparecen cada vez más transformados y valorados (como dialectos regionales, o variedades regionales de la lengua estándar).

Resulta conveniente —antes de profundizar en nuestros objetivos y de definir los protocolos de actuación— una aclaración que resulta innecesaria en contextos especializados de investigación, pero que puede ser aconsejable en ámbitos algo más amplios. *Dialecto* es un término controvertido —por su comprensión despectiva— que aquí se emplea únicamente en el sentido de variedad lingüística heterónoma de otra más extendida, más general o más prestigiosa socialmente. De aquí no se sigue —ni se excluye— la aludida connotación peyorativa de las formas de hablar o dialectos. Un *dialecto* o un subdialecto, como el andaluz de Málaga es en todo igual a una *lengua*, con la que puede coincidir parcialmente en muchos aspectos —sintaxis, morfología, léxico, pronunciación—, pero no en otros. En todo, una lengua; se ha repetido mucho: una lengua es un dialecto con ejército.

Nuestra investigación, en este contexto, presenta una sistemática documentación / digitalización real del patrimonio lingüístico más antiguo de la ciudad de Málaga y la accesibilidad para los investigadores y otros agentes pertinentes del patrimonio lingüístico de datos que de otro modo habrían sido difíciles de alcanzar. Una gran parte de los datos de los que hemos tomado muestras y hemos digitalizado proviene de varias fuentes, incluyendo grabaciones antiguas de programas de radio y televisión y colecciones privadas y públicas. Hemos conseguido tanto la documentación antigua del patrimonio oral, como un tipo de documentación científicamente asentada que, al permitir la presentación de los datos de una manera sistemática, invitarán al estudio teórico abriendo posibilidades de investigación, lo que va a hacer justicia a la riqueza del patrimonio lingüístico y etnográfico de la ciudad de Málaga. El resultado final es una documentación significativa anotada de la herencia lingüística dinámica que invita al análisis interdisciplinario y a una interpretación rica y profunda a partir de las voces de las personas que han vivido en Málaga desde mediados del siglo XX.

Pero el resultado de nuestra investigación no es solo la documentación y el análisis de la herencia lingüística en la comunidad estudiada, sino también un modelo rico y multifacético para la comprensión de la dinámica del patrimonio lingüístico emergente y sus interfaces con esquemas culturales locales.

En algunos sectores de las sociedades —regionales y nacionales— se ha vuelto a la vieja reivindicación de la pureza del *dialecto auténtico* asediado por la modernidad, las fuerzas centrípetas de los estados y la imagen atractiva del estándar nacional. Este movimiento ha adoptado diversas formas a lo largo de su larga evolución, al menos desde el siglo XIX (Villena Ponsoda 2010), pero hoy se ha hecho *político*, con referencias —en el caso de Andalucía y del andaluz— a la lucha por la singularidad frente a la imposición centralizadora y *crítico*; esto es, como casi siempre en estos casos, revisionista del pasado desde un presente deseado.

Los hechos son datos no manipulados por interpretaciones maliciosas y ajenos a valoraciones establecidas con anterioridad a su mero conocimiento —si es que este llega en algún instante—. A esos hechos nos debemos y esta es la razón de nuestro trabajo en marcha. Los investigadores preocupados por la situación del español en Andalucía y en Málaga necesitan el acceso a materiales sistemáticos, organizados, rigurosos y a salvo de exclusiones ideológicas. Los juicios y las valoraciones sobre la autenticidad, la imposición o la evolución misma de las variedades lingüísticas son necesarios, pero es imprescindible que se basen en hechos. La nuestra es una contribución en este sentido: la construcción de un banco de datos sociolingüísticos abierto para el estudio del uso lingüístico en la ciudad de Málaga.

IV

La investigación sobre los procesos dinámicos de contacto dialectal y la convergencia / divergencia ha sido una de las principales novedades de la dialectología y sociolingüística en el transcurso de las últimas décadas. El trabajo empírico y teórico de dialectólogos sociales europeos (Trudgill, Auer, Kerswill, Hinskens, Villena, entre otros) ha revitalizado este campo y ayuda a comprender los patrones de uso del habla que son recurrentes en toda Europa. Estos patrones están condicionados, en parte, por factores sociales e históricos de cada país / idioma y dialecto, pero reflejan las condiciones universales del lenguaje. Esta es la razón por la que estos estudios han puesto de manifiesto patrones similares de cambio histórico y revitalización dialectal en toda Europa. La mayor parte de estos estudios, además, revela una tendencia común que podría observarse en la mayor parte de las lenguas del continente europeo: las variedades locales están desapareciendo y son sustituidas paulatinamente por variedades estándar regionales que, al parecer, resultan ser el producto de las innovaciones que se extienden desde los grandes centros urbanos (Vandekerckhove y Britain, 2009).

El presente trabajo toma sentido en el marco de la reciente investigación sociolingüística europea que trata de evaluar los cambios históricos en el paisaje lingüístico en los últimos 60 años: mientras que los dialectos están siendo abandonados, el acceso generalizado a un aparente estándar implica una considerable heterogeneización de la norma y la homogeneización del paisaje dialectal.

Mediante la conexión con esta línea de investigación internacional de base sociolingüística, el trabajo aquí presentado se propone el objetivo principal de crear un sistema de documentación digital del español de la ciudad de Málaga desde mediados del siglo xx hasta la actualidad. Hemos construido una base de datos sonora de fácil acceso donde se muestran los datos a partir de una selección representativa de las variedades urbanas consideradas. A partir de este objetivo general, se establecen otros secundarios:

1. Observar los procesos de convergencia y divergencia hacia la lengua estándar nacional. La convergencia favorece la formación de variedades regionales koinetizadas y variedades regionales estándares producto del contacto de dialectos; la divergencia, por su parte, favorece los procesos de lealtades locales. Muchas de las hipótesis manejadas hasta ahora sobre los cambios lingüísticos en marcha en el español de Andalucía se fundamentan en los documentos geolingüísticos (ALEA) y en algunas monografías (Alvar, Salvador, Sawoff, entre otros). Sin embargo, al tratarse de productos de una perspectiva dialectológica clásica sobre la selección de informantes (hablantes masculinos, rurales, no móviles, mayores), generan la duda acerca de qué panorama reflejan realmente, por lo que creemos necesario desarrollar una sólida base conceptual y empírica objetiva que permita describir, analizar y explicar los cambios que se han producido en el habla de Málaga durante la última mitad del siglo xx para entender mejor sus características actuales.

2. Construir una base de datos lingüística que facilite el estudio de la evolución y los cambios históricos producidos en las variedades del español hablado en Málaga en el espacio multidimensional diacrónico (tiempo real). Dicho corpus se construirá a partir de la búsqueda, catalogación y estudio de documentos orales locales de otras épocas (medios audiovisuales, cinematográficos, colecciones privadas). Estos documentos proporcionarán una imagen real y complementaria de cómo era el repertorio verbal de la comunidad de habla de Málaga en un período considerado crítico en el surgimiento de la mencionada identidad y de la variedad que la expresa.

3. Contribuir al conocimiento, explicación y resolución de los retos sociales y culturales que afectan a la identidad social de la ciudad de Málaga en el siglo xxi. Es de suma importancia el conocimiento de las raíces y la evolución de esta nueva identidad urbana que propició desde mediados del siglo pasado en adelante la preferencia por las corrientes centrípetas en el sentido de los valores estándar y centrífugos de la tradición regional-rural-local. Se trataría, entonces, de explorar, a través de una perspectiva interdisciplinar, cómo la configuración diglósica tradicional (dialectos-lenguas estándar)

está siendo reestructurada de modo similar y por las mismas razones para construir identidades locales, nacionales y globales.

4. En la actualidad, en muchos lugares de Europa se están realizando compilaciones de corpus que ayudan a entender un fenómeno lingüístico común: la aparición de variedades que llenan el amplio espacio que separa al dialecto de la variedad estándar. Esas variedades intermedias incluyen dialectos regionales y variedades regionales de la variedad estándar que vienen a ocupar el lugar de los dialectos tradicionales y, en muchos casos, empujan a estos a la desaparición. En este contexto, nuestro propósito final es colaborar a escala europea en la construcción de un corpus histórico de documentación dialectal tradicional.

5. Por último, la elaboración de una base de datos dinámica con la exploración de factores sociales e ideológicos que le afecten nos permitirá en el futuro, desde una perspectiva aplicada, contribuir a la política y planificación lingüística y a los planes de educación en nuestra región.

La hipótesis principal es que en la población malagueña actual existen importantes sectores que consideran relevante la demostración lingüística de una identidad urbana de lo meridional, pero moderno. Es posible que este deseo esté originando la creación de una nueva variedad lingüística urbana de clase media que merece nuestra atención. Pero no podemos olvidar que esta nueva variedad conlleva algunas consecuencias; entre las más destacadas está la eliminación de las huellas de identidad que caracterizaron históricamente a nuestros ascendientes más directos. En este contexto de creación de identidades modernas, cobra sentido el conocimiento de la trayectoria histórica (social, etnográfica, cultural y lingüística) de nuestra ciudad.

La cuestión no es, por tanto, hasta qué punto estos movimientos de convergencia hacia el estándar nacional nos conmueven, nos indignan o bien nos llenan de gozo por su relación con la corriente de modernidad en la que, según todos los indicios, se basarían o, al menos, se habrían basado en su origen. En este trabajo no nos proponemos juzgar datos aparentes ni fiarnos de las observaciones superficiales o de la *communis opinio*; recuperamos las voces perdidas de la ciudad; los documentos sonoros que permitirán extraer conclusiones —*sine ira et studio*— sobre nuestra historia lingüística reciente.

V

El presente trabajo forma parte de una investigación más amplia articulada en dos fases que combina métodos y estrategias de la lingüística de corpus, la socioestilística, la lingüística variacionista y la filología.

FASE 1. Elaboración del corpus de datos de medios de comunicación orales (radio), audiovisuales (televisión), de producciones cinematográficas (documentales) y de fuentes privadas. Esta fase de la investigación, que es la que aquí se presenta, pretende desarrollar un sistema lingüístico digitalizado de documentación uniforme e independiente que permita almacenar de forma digital y sistemática datos del dialecto. La idea ha sido llevar a cabo una catalogación adecuada y la construcción de un corpus histórico oral de los últimos 60 años. Este corpus pretende ser la base para el análisis y la correcta interpretación de determinados fenómenos lingüísticos que nos servirán para observar la construcción de la identidad de Málaga, una ciudad que encara el futuro con optimismo y enormes síntomas de proyección cultural.

FASE 2. Los datos contenidos en el corpus, una vez transcritos, etiquetados y digitalizados serán el punto de partida para el estudio de la evolución histórica de las variables lingüísticas que desde hace años se investigan en el Área General de la Universidad de Málaga a partir de un corpus lingüístico más actual base de los estudios del Proyecto de Investigación de las Variedades Vernáculas Malagueñas (https://www.uma.es/grupo-de-investigacion-vernaculo-urbano-malagueno-hum-392/). La idea es el desarrollo de un estudio de los cambios lingüísticos en tiempo real que han desembocado en la formación de una nueva variedad intermedia entre el estándar y las variedades vernaculares en la ciudad de Málaga, como expresión de la nueva identidad urbana andaluza.

Los corpus se analizarán teniendo en cuenta los factores externos e internos (sociales, cognitivos, lingüísticos) susceptibles de explicar la variación de un conjunto de rasgos bien definido desde hace años por el Grupo de Investigación Vernáculo Urbano Malagueño de la Universidad de Málaga. Dichos rasgos se han identificado en estudios previos como coocurrentes en el contexto de una variedad coherente. Se trata de rasgos fonético-fonológicos (variables fonológicas en el ataque silábico: consonantes obstruyentes fricativas dentales y velares; las obstruyentes palatales tensas (africadas) y laxas (aproximantes y fricativas abiertas) y de las variables fonológicas en la coda silábica: la obstruyente /s/ y las sonantes /r/ y /l/ en diversas posiciones (microvariables) a los que se añaden algunas variables gramaticales (pronombres átonos en función de complemento), previamente analizadas y léxicas (Villena y Vida 2017a, 2017b, 2020).

Con el desarrollo de la segunda fase se pretenderá, en definitiva, desarrollar una metodología uniforme para la recopilación y documentación de la evolución y desarrollo del dialecto actual, la lengua estándar y la producción diglósica en la comunidad estudiada. Con ello estaremos en disposición de analizar la evolución dialectal documentada y los procesos de formación de koinés a lo largo del tiempo.

2

JUSTIFICACIÓN Y CONTEXTO

2.1. Justificación

La inclusión de lo lingüístico en el dominio de lo sociológico forma ya parte de la historia de las ciencias del lenguaje y se interpreta como la exigencia de un fundamento para el significado social que surge de la consideración de las condiciones de uso de la lengua (Hymes 1971; Rona 1970). La organización o estructuración específicamente *social* de la heterogeneidad del comportamiento individual (estratificación; elites; cambio social y conflicto, etc.) se establece como *explicans* de la actividad lingüística, reducida, por exigencias metodológicas, en su profundidad y en su complejidad estructural.

En algunos casos, se ha dado un paso más, en el sentido de una total integración o identificación de la lingüística en y con los métodos y las perspectivas, no ya de la sociología, sino, en general, de las llamadas ciencias del contenido; ello acarrea la ruptura de la ligazón de la sociolingüística con la lingüística en sentido estricto, para fundamentarse en la ciencia del lenguaje en sentido amplio, como ciencia semiótica y ciencia de la comunicación (Hymes 1973; Lévi-Strauss 1958; Jakobson 1973): *lingüística de constitución social*. La inclusión de la lingüística en las ciencias del contenido se basa en evidentes afinidades principales de los objetos clasificados y sigue un esquema concéntrico que, de la lingüística como ciencia ocupada del estudio de la comunicación de los mensajes lingüísticos, pasa a un círculo más amplio, que la incluye, y que se define como perteneciente a las ciencias semióticas, ocupadas del estudio de la comunicación de cualquier tipo de mensaje; estas, al mismo tiempo, quedan incluidas en el círculo más general de las ciencias de la comunicación (economía, sociología, antropología), tanto en la perspectiva intra como interpersonal. La ciencia de la comunicación, entonces, dispone de tres niveles y aspira a la descripción de: 1.º) la comunicación como proceso; 2.º) los roles de sus participantes; 3.º) las reglas de su asociación (Jakobson 1973, 26-43). En este marco, la lingüística de constitución social posee el fundamento antropológico que hemos adoptado en este trabajo y manifiesta pretensiones de integración metateórica de otras corrientes (Villena 1992, 122-134), lo que la convierten en una materia multidisciplinar.

Además, el paradigma sociolingüístico de base interaccional y funcional muestra un interés nuclear centrado en el hablante en cuanto individuo y, por lo tanto, en la necesidad de la estructuración y la comprensión de su actividad lingüísticosocial (como acto de identidad; como 'productos' en un mercado, en relación con valores establecidos; como mensajes que circulan en redes de comunicación interpersonal capaces de condicionar y regular la vida social de las personas y explicar [y ser explicado] por el momento histórico de su existencia, etc.). El sistema lingüístico tiene menos importancia, desde este punto de vista, de modo que el objeto sociológico crece notablemente dentro de este paradigma que propone explicaciones muy profundas de los acontecimientos en los que se desarrollan los eventos lingüísticos (Dittmar 1973, 190-191). El comportamiento lingüístico varía en las diferentes sociedades con categorías sociales basadas en muy diferentes criterios. Se hace necesario el conocimiento de las reglas y normas sociales subyacentes en el comportamiento comunicativo real de los sujetos, así como de las diferencias relativas a la percepción de las relaciones sociales imperantes en cada momento histórico y en cada situación. Las relaciones de causa y efecto entre los factores sociales y el comportamiento lingüístico se han de establecer a partir de la percepción que los individuos tienen de los grupos existentes en la sociedad en la que se integran, del momento histórico que viven y de las capacidades y motivaciones de los sujetos para representarse a sí mismos en el seno de dichos grupos, en tanto que suministradores de motivación para el comportamiento lingüístico (McEntegart y Le Page 1982, 122).

La conducta lingüística individual se considera entonces como una fuente de síntomas y de medios de manifestación de la identidad social (convergencia y divergencia); por esa razón, el «individuo crea por sí mismo los modelos de su propio comportamiento lingüístico, de tal forma que este pueda llegar bien a asemejarse al del grupo o grupos con los que, a cada momento, desea ser identificado, bien, por el contrario, que acabe por diferenciarse de hecho del comportamiento del grupo con respecto al cual quiere distinguirse» (Le Page y Tabouret-Keller 1985, 181). Para Le Page (1978), los actos lingüísticos son —en el marco de una acertada metáfora cinematográfica— actos de proyección (*projection*), que proceden del universo particular de cada individuo, y que este proyecta sobre la pantalla social, con la evidente intención de que los demás lo compartan y acepten sus actitudes y puntos de vista. Tales actos cumplen, pues, una función sintomática y apelativa y buscan un refuerzo de la representación del mundo social propio, pero también del compartido; puede decirse que, a través de ellos, los individuos esperan la solidaridad de aquellos con los que aspiran a identificarse socialmente. Según sea la identidad y los rasgos del comportamiento de los otros, así será la imagen proyectada: si la respuesta es solidaria y el refuerzo solicitado se produce, la imagen se concentra, se torna más regular y menos variable; esto es, resulta un comportamiento lingüístico aguda o intensamente concentrado (*sharply or highly focussed*); por el contrario, si la reacción es negativa, de modo que el hablante ha de acomodar su conducta a los otros, la imagen tiende a perder concentración, se desenfoca, pierde regularidad, gana en variación y se dispersa y difumina; es decir, el comportamiento lingüístico se nivela o dispersa (*diffusion*). En consecuencia, en cada momento histórico «puede hablarse de sistemas lingüísticos concentrados y de sistemas dispersos o no concentrados, tanto en lo tocante a los individuos como a los grupos, siendo el conocimiento que cada individuo tiene de los sistemas de sus grupos el eje alrededor del cual giran las ideas comunes acerca de las lenguas o variedades comunitarias» (Le Page y Tabouret-Keller 1985, 181-182).

El individuo es, entonces, considerado como el *locus* de su lengua, concebida como un repertorio de sistemas socialmente marcados. Los hablantes poseen un conocimiento parcial de un número de sistemas que pueden, hasta cierto punto, ser definidos en términos de normas externas identificadas con las propiedades de los grupos percibidos. Ahora bien, la comunidad, sus reglas y su lengua existen únicamente en la medida en que sus miembros los perciben como tales; tal es la naturaleza de la competencia lingüística que, como es lógico, puede modificarse en el eje temporal e histórico dentro de una misma comunidad (Le Page y Tabouret-Keller 1985, 204-205; Kubczak 1979).

En resumen, las variedades lingüísticas se definen como concentradas (*focussed*) cuando, debido a la presencia de rasgos dialectales o sociolectales que marcan preferencias de uso o discontinuidades con claros correlatos sociales, los hablantes las perciben como entidades diferenciadas o conjuntos reconocibles de normas lingüísticas. Tales sistemas de concentración vernácula aparecen relacionados con estructuras comunitarias locales solidarias, relativamente cerradas (redes densas y múltiples) y con fuerte territorialidad, y muestran, en general, una importante regularidad o presencia de pautas sistemáticas de variación.

Por el contrario, la dispersión (*diffusion*) de las variedades lingüísticas se refiere a pautas de comportamiento ligadas a sectores móviles —social y/o geográficamente—, que no coinciden en sus rasgos fundamentales con ningún sistema determinado, y que responden más bien a nivelaciones y mezclas de variados dialectos o sociolectos, como es el caso del habla de las zonas urbanas y de las capas medias de las sociedades (Le Page 1978). Este tipo de variedades suele aparecer correlacionado con grupos o redes sociales integrados en la cultura general (orientados al *status*), de relaciones no muy estrechas y con repertorios de roles muy diversificados.

Ambas situaciones constituyen los polos o puntos extremos del continuo ideal comunitario, cuya forma compleja depende, evidentemente, de las condiciones propias de cada situación concreta (Stehl 1986).

Puede observarse que, en lo expuesto hasta ahora, manejamos un modelo comunitario básicamente fenomenológico. El significado social de las variables consiste en las diferencias lingüísticas entendidas como signos donde lo fundamental y previo es *cómo las interpretan los actores en situaciones concretas de interacción*; esto es, la posible identificación por parte de los interlocutores (que son los que crean la significación) de ciertas formas lingüísticas como índices de una determinada situación sociolingüística. Dicha situación queda, de este modo, *reconstruida* en la interacción lingüística (Auer 1989, 164-173; Gumperz 1982, 1-37) y se convierte en un acontecimiento etnográfico de enorme valor pero también de importantes dificultades metodológicas.

2.2. Contexto

Asumir la interpretación de los fenómenos lingüisticosociales expuesta exige conocer los procesos de evolución que manifiestan las sociedades para poder interpretar de manera adecuada los cambios lingüísticos. En 1960, aproximadamente dos tercios de la población mundial vivía en entornos rurales; de acuerdo con recientes estudios de las Naciones Unidas, en 2025 solo un tercio de la población se mantendrá de manera habitual en el ámbito rural (Mak, 1998: 44-45). Además, en todo el mundo, la erosión de la relativamente cerrada comunidad rural se manifiesta geográficamente en la urbanización y la transformación de estas comunidades en ciudades dormitorio. Estos factores, junto al paso de las sociedades agrarias a las sociedades industriales y postindustriales, están produciendo cambios culturales que, de modo indirecto y gradual, tiene enormes efectos en el estatus de los dialectos. Entre los cambios sociales y culturales más relevantes están el aumento de la alfabetización y la mejora de los medios de transporte, la movilidad social y geográfica y, más recientemente, la comunicación digital y los medios sociales.

Los efectos de estos cambios sociales sobre el panorama lingüístico han desembocado en una situación en la que los dialectos tradicionales se han transformado rápidamente en koinés y/o variedades regionales de la lengua estándar. La koiné puede ser el resultado del contacto de diferentes dialectos, pero además puede ser consecuencia del contacto de dialectos con la variedad estándar. Como es lógico, si los dialectos se desarrollan en la misma dirección, cada vez serán más parecidos.

En la historia moderna de Europa, la situación general sociolingüística ha estado marcada por la coexistencia, por una parte, de dialectos tradicionales y, por otra, de variedades estándares nacionales. Ambos modelos han sido guardados celosamente tanto en el nivel del hablante individual como en el nivel de la comunidad de habla. La variedad dialectal ha sido considerada como el código bajo y la variedad estándar como el código prestigioso, con una rígida separación entre las dos estructuras en términos de uso y dominios de uso. Bellmann (1998) describió esta situación como un cambio desde la diglosia a la *diaglosia*. La situación de diaglosia se encuadra en un extremadamente complejo panorama sociolingüístico.

Este panorama *diaglósico* muestra que, mientras los dialectos tradicionales constituyen un aspecto esencial de la herencia cultural de Europa, un significado igualmente trascendente surge de la emergente koinización y otras formaciones diaglósicas que requieren tanto documentación como estudio sistemático a partir de una perspectiva interdisciplinar integrada. Por otra parte, tanto la documentación como el análisis de modelos requieren de un corpus lingüístico sonoro de otras épocas que nos permitirá el acceso al comportamiento lingüístico de diferentes grupos de hablantes. A través de él, quizás, podamos también conocer y respetar la herencia lingüística y cultural de nuestros mayores, sector algo olvidado en un mundo que parece avanzar demasiado deprisa.

2.2.1. El caso del español en Andalucía

En el caso general de las variedades dialectales regionales del español se ha producido un movimiento de convergencia en el sentido del estándar nacional que está claramente motivado por razones de prestigio social patente, que afecta a las clases sociales medioaltas urbanas. Este movimiento se refleja en Andalucía como una alteración notable de la situación previa descrita como un continuo entre Sevilla y Madrid.

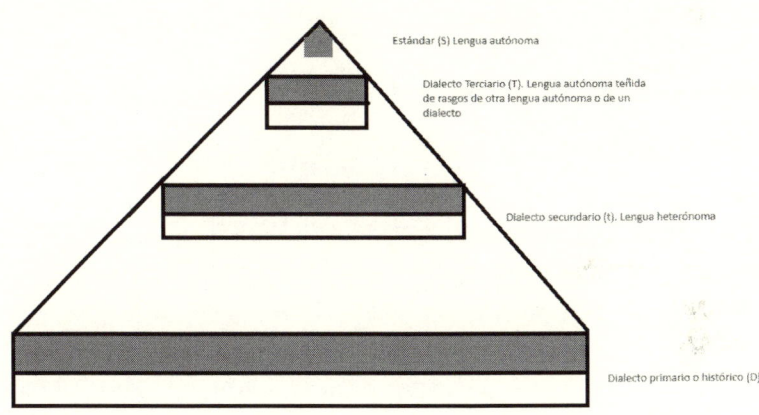

Fig. 1. Configuración jerárquica de variedades en la formación de la variedad intermedia entre el estándar nacional y las variedades vernaculares.

El significado social que subyace en la aceptación por parte de los hablantes urbanos de estatus medioalto de rasgos del estándar nacional —junto al mantenimiento de otros claramente meridionales— se relaciona con la formación de una identidad relativamente moderna que combina la orientación urbana, cosmopolita y contemporánea, con los valores aún vivos de pertenencia a comunidades meridionales (Villena y Vida 2017b). Ello ha propiciado —sobre todo desde el último tercio del siglo pasado— el abandono progresivo de los usos lingüísticos identificados con el mundo rural y urbano de estatus bajo (básicamente, el fonetismo innovador en el ataque silábico) y el mantenimiento de los patrones de pronunciación meridional en la coda silábica. Ambas tendencias se justifican social y estructuralmente y determinan la ideología convergente que domina hoy en la Andalucía oriental urbana y está en la percepción y en los mapas mentales de los hablantes; se documenta también en los últimos años en áreas urbanas occidentales.

Este proceso está produciendo una aproximación entre, por un lado, las variedades urbanas meridionales de estatus medioalto y, por otro, las variedades centrales castellanas y de transición (Murcia, Extremadura). La continuidad geográfica mencionada tradicionalmente (Navarro Tomas *et al.* 1933) entre este conjunto de dialectos se ve ahora reforzada en un movimiento convergente de orientación estándar que aproxima las variedades por los dos extremos contrarios de la escala de estratificación socioeconómica (Villena y Vida 2017a).

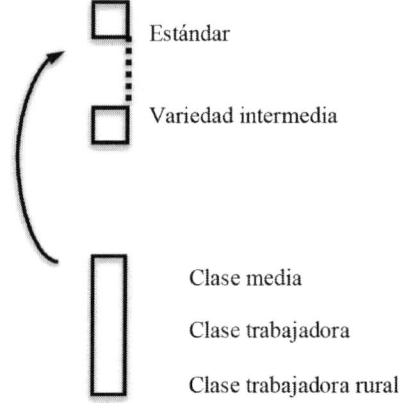

Estándar

Variedad intermedia

Clase media

Clase trabajadora

Clase trabajadora rural

Figura 2. Convergencia y nivelación de las variedades andaluzas. Fuente: Villena y Vida 2017.

La variedad coinética intermedia formada entre el estándar y las variedades vernaculares adopta pues un carácter mezclado que la hace, al parecer, atractiva y explica su difusión y su valor de aproximación de las variedades de clase baja y trabajadora de los dialectos centrales y de transición (sin olvidar a los inmigrantes de origen meridional) a las variedades medioaltas de Andalucía (especialmente del área oriental). Los rasgos que la constituyen como una variedad relativamente coherente son tanto de tipo fonético-fonológico como léxico.

FUNDAMENTOS TEÓRICOS DEL CORPUS ORAL DE ARQUEOLOGÍA LINGÜÍSTICA EN LA CIUDAD DE MÁLAGA

Como ya se ha anticipado, las variedades meridionales y centrales del español se están aproximando según un modelo «invertido» que muestra la convergencia entre los polos opuestos de las escalas de estratificación meridionales (generaciones jóvenes de las clases medioaltas urbanas) y centrales (generaciones mayores de las clases bajas y trabajadoras urbanas e inmigrantes). Este proceso conduce a la formación de una variedad coinética intermedia caracterizada por el mantenimiento de los rasgos no marcados característicos de las variedades innovadoras meridionales (consonantismo distensivo, especialmente) y la adquisición de rasgos centrales y estándar especialmente prominentes (como la escisión de las fricativas dentales en los sociolectos altos de las ciudades andaluzas). La interacción de factores internos (conflicto entre las constricciones de fidelidad y no marcación) y externos (orientación del hablante hacia el estándar y el prestigio patente) determinan por qué unos rasgos se mantienen y otros se pierden.

El estudio de los datos extraídos de los corpus PRESEEA (*Proyecto de Estudio Sociolingüístico del Español de España y América*) ha confirmado en buena medida esta situación. Sin embargo, determinadas cuestiones quedan por completar por diversas razones, en especial, la necesidad de datos nuevos para comparaciones en tiempo real que permitan observar el desarrollo histórico del proceso de convergencia señalado (escisión fonemática de las fricativas dentales; /s/ distensiva; otras consonantes en el ataque silábico, abandono de léxico dialectal, etc.).

Los planteamientos teóricos de inicio que constituyen la naturaleza de nuestra base de datos son los siguientes:

1. La investigación retrospectiva de datos orales del pasado permite establecer estudios sistemáticos de cambios lingüísticos en tiempo real, así como comparar las situaciones sociolingüísticas y estilísticas en las comunidades de habla. La identificación y catalogación objetiva de los datos del pasado en función de los parámetros de diseño estilístico y de guion (*style/script design,*

radio broadcasting and stylization) ofrecen la garantía del juicio directo sobre las ocurrencias de los fenómenos tal y como se produjeron y, por tanto, a salvo de los sesgos metodológicos, teóricos e ideológico-lingüísticos propios de los resultados de las investigaciones tomadas como fuentes de referencia (triangulación).

2. La imagen histórica del desarrollo de la variedad urbana centromeridional actual se basa en comparaciones de, por un lado, océanos de datos y resultados cuantitativos actuales bastante controlados (representatividad, métodos de análisis, replicación, etc.) y, por otro lado, observaciones cualitativas poco sistemáticas y datos geolingüísticos y dialectológicos. Al margen del respeto debido al trabajo previo, la representatividad que ofrecen estos datos es cuestionable por razones metodológicas e ideológicas. La imagen claramente divergente de las ciudades meridionales que ofrecen estas fuentes podría estar fuertemente condicionada por un proceso de selección de informantes dirigido en el sentido de la obtención de imágenes *puras* o incontaminadas de los dialectos (Villena 2010). La revisión de los nuevos datos permitirá un reanálisis mucho más ajustado.

3. La comparación de la documentación actual y la obtenida de las fuentes orales mencionadas, al menos desde mediados del siglo xx, permitirá saber cuál era la situación sociolingüística de la comunidad de habla en el momento en el que se llevaron a cabo los estudios dialectales y geolingüísticos de base. La idea de variedades urbanas estratificadas, pero claramente divergentes (i.e., innovadoras) con respecto al español estándar, en las que no existirían rastros de los procesos que son hoy muy frecuentes en las capas medias y altas, debería poder ser contrastada adecuadamente. Para ello, por ejemplo, la variación propia de los medios radiofónicos, con diversos papeles y un estricto *script design*, el contraste entre profesionales y oyentes participantes, la interpretación estilística activa del contexto de comunicación, etc., ofrece una vía indudablemente válida.

4. Las variables fonológicas, sintácticas y léxicas que delinean hoy una variedad coherente, tal y como se ha demostrado en el caso de la ciudad de Málaga (Villena, Ávila y von Essen 2017; Villena y Vida 2016a, 2016b), determinan una distancia consistente con respecto a las que caracterizan las variedades vernaculares rurales y urbanas de estatus bajo. La convergencia estable hacia el estándar se entiende como un cambio rápido a partir de la situación descrita en las fuentes de referencia, según las cuales a mediados del siglo xx no habría excesiva distancia entre los sociolectos más extremos de la escala de estratificación social. El estudio de los nuevos datos permitirá contrastar la objetividad comunitaria de las descripciones y trazar la historia real de la convergencia meridional y de la formación de la variedad coineizante entre el estándar nacional y las variedades vernaculares andaluzas.

5. La convergencia basada en el diseño profesional (radio, documental cinema-tográfico, fuentes sonoras de origen literario) y la conmutación de estilos en la fuente radiofónica (llamadas de la audiencia, concursos, comunicación de sucesos, tragedias, etc.) constituyen aspectos poco explorados de la arqueo-logía lingüística que pueden alumbrar procesos hoy todavía oscuros.

6. Los documentos sonoros procedentes de colecciones privadas constituyen una fuente complementaria que cada vez cuenta con mayor número de investigadores en todo el mundo. En nuestro caso, aunque el acceso a estas fuentes privadas no ha sido fácil, constituyen un corpus de informaciones muy valioso para nuestros objetivos.

4
METODOLOGÍA

Las dificultades metodológicas que entrañan un proyecto como el que aquí se expone pueden enumerarse como sigue:

1. Aunque la transmisión mecánica de la voz fue posible desde finales del siglo XIX, los materiales sonoros empezaron a ser grabados con una cierta facilidad a partir de los años 50 del siglo siguiente. En España, por razones históricas, esta tendencia llegó con una década de retraso. La parquedad de documentos sonoros en los archivos actuales es un fiel reflejo de este retraso.

2. La representación escrita de la lengua oral es uno de los aspectos más delicados de la tarea de construcción de un corpus compuesto por materiales hablados, además de suponer uno de los aspectos fundamentales del proceso empírico al que se someten los estudios dialectológicos y sociolingüísticos (Bustos Tovar 1995: 16-17; Caravedo 1996: 221-235). Aunque los avances tecnológicos permiten presentar de manera cómoda los materiales sonoros en formato audio, la necesidad de realizar la transliteración y el etiquetado del corpus es, actualmente, entendida como esencial. Y no solo porque gran parte de las investigaciones posteriores se realizarán a partir del estudio de la representación escrita del corpus, sino porque los materiales originales en soporte audio no siempre están disponibles de manera inmediata para todos los usuarios.

Un texto debidamente marcado facilita una serie de tareas de investigación elementales que van desde las búsquedas rápidas hasta el estudio de la dinámica conversacional, incluyendo en este apartado los estudios de pares de adyacencia, pérdidas de turno, secuencias de habla simultánea, etc. No obstante, la transformación del material oral en escrito plantea serios inconvenientes metodológicos a la investigación lingüística. De hecho, no existe ni recetario ni formulario que resuelva de manera automática los conflictos derivados de la necesidad de transcribir. Las soluciones adoptadas tendrán en cuenta los objetivos perseguidos, la experiencia acumulada (propia o ajena) y los resultados esperados. La simple transposición del canal auditivo-oral al canal visual-gráfico origina profundas transformaciones de las características de los códigos oral y escrito, pues los tipos de situaciones inherentes a cada uno de estos registros y la diferente naturaleza de los actos que en ellos se dan acaban deformándose en la transposición.

3. El miedo y el respeto de las personas a interaccionar socialmente ante aparatos de grabación ha sido superado solo recientemente gracias a la irrupción general de las nuevas tecnologías. El micrófono o la sensación de estar hablando en público sigue imponiendo y obligando a los informantes a modificar sus registros, pero esta sensación de «conciencia de escena» era mucho mayor antes de la irrupción de la era digital. Si echamos la vista atrás y observamos los registros grabados de hace tres décadas o más, los únicos que no parecían modificar su conducta lingüística ante la presencia de un micrófono o una grabadora eran quienes representaban a los poderes fácticos locales, regionales o nacionales. Para el resto de la población, el mero hecho de su exposición a los medios reducía las posibilidades de que aflorara el vernáculo.

4. Málaga, pese a su radiación subregional (capital de la Costa del Sol), nunca tuvo hasta época muy reciente un papel económico o cultural de primera categoría frente a las capitales políticas y culturales tradicionales de Andalucía (Sevilla y Granada) y las grandes urbes españolas (Barcelona y Madrid) y, por lo tanto, las posibilidades de encontrar materiales grabados procedentes de esta ciudad —e instituciones interesadas en preservarlos— han sido mucho menores. Igualmente, estudiar solo el vernáculo urbano malagueño excluye automáticamente a muchos habitantes de Málaga que tuviesen una procedencia rural o de otra ciudad.

5. En la época anterior a los 90 y los 80, España justo comenzaba su desarrollo como país democrático y miembro de pleno de derecho del mundo occidental capitalista y consumista. La falta de pluralidad política, de libertad de expresión y de libre mercado audiovisual durante la dictadura significó que las fuentes de documentos sonoros y audiovisuales fuesen muy pocas: las instituciones no tenían capacidad de producir documentos más innovadores y la población difícilmente podían permitirse el lujo de tener aparatos de grabación.

Asumiendo las dificultades metodológicas expuestas, aunque decididos a poder construir un sistema de documentación lingüística sólido a partir de datos sonoros correspondientes, al menos, a los últimos 60 años, hemos generado un corpus digital compuesto por una limitada, aunque representativa selección de dialectos locales en formato sonoro transliterado.

La fuente de datos orales más antiguos está formada por grabaciones sonoras existentes en los archivos de radios y televisiones locales, así como en colecciones particulares. Los datos más recientes (a partir de 1992) ya están recogidos, almacenados y transcritos en las bases de datos de los diversos proyectos desarrollados a partir de esa fecha en el Área de Lingüística General de la Universidad de Málaga (https://www.uma.es/grupo-de-investigacion-vernaculo-urbano-malagueno-hum-392/).

El acceso a la documentación sonora a partir de mediados del siglo xx no ha sido fácil y comenzó hace varios años con una primera aproximación a una muestra de archivos radiofónicos muy ricos y diversificados en la emisora local de Radio Nacional de España en Málaga. Posteriormente, la tarea consistió en contactar con instituciones locales públicas y privadas para aumentar el material y difundir el proyecto a través de los medios de comunicación para conseguir el acceso a colecciones privadas. Los documentos y datos se localizaron, digitalizaron, clasificaron y ordenaron siguiendo los protocolos habituales en la lingüística de corpus. Una vez constituida la base de datos sonora, se procedió a la transcripción de las grabaciones para ajustarlas a las convenciones de transcripción habituales que aconseja el protocolo HTML.

La idea ha sido desde el principio que el modo de acceso a estos datos sea cómodo a partir de herramientas sencillas y de fácil manejo. Normalmente, esta documentación solo suele estar disponible para el usuario experto. Sin embargo, la investigación que aquí presentamos permite tanto la protección de las manifestaciones tradicionales de los dialectos como su documentación sistemática y acceso generalizado. Tanto la documentación antigua como la moderna están desde ahora disponibles a partir de bases de datos electrónicas y de herramientas de cartografía avanzadas. Las tecnologías de digitalización nos han permitido la preservación sistemática y la sostenibilidad de los aspectos esenciales de la herencia cultural y su accesibilidad referida a las partes interesadas.

En definitiva, gracias al trabajo aquí mostrado disponemos de conjuntos muy amplios de datos contextualizados. De su estudio surgirá, por una parte, una comprensión más firme de nociones teóricas tradicionalmente controvertidas, tales como registro y el estilo del habla, su relevancia para la realización de las identidades lingüísticas y culturales y el grado en que estas afectan al cambio lingüístico; por otra parte, se espera que los datos faciliten una comprensión más completa de las construcciones sociales e ideológicas acerca de la herencia lingüística. La valoración del patrimonio lingüístico y las actitudes hacia él es un tema complejo que implica con frecuencia conceptos contradictorios de 'identidad' (por ejemplo, dicotomías tales como *local vs. regional* y *nacional*, *urbano* frente a *rural*, *global* frente a *local*, *menor* frente a *mayor*, *moderno* frente a *tradicional*, etc.). La dinámica de koineización, cambio de dialecto o de mantenimiento están a menudo afectadas por dichas construcciones cargadas ideológicamente, que con frecuencia son fomentadas por agentes tales como los responsables de las políticas lingüísticas, los sistemas educativos, los medios de comunicación, redes sociales, etc. Desde una perspectiva sociolingüística, se requiere una exploración sistemática de cómo impactan tales parámetros en el cambio de dialecto.

4.1. Sistema de anotación y etiquetado del corpus Arqueoling

Puesto que uno de los principales objetivos de nuestro trabajo es la creación del corpus histórico hablado de la ciudad de Málaga, hemos sido muy cuidadosos a la hora de seleccionar el método de representación más adecuado. De entre todas las posibilidades, la que nos pareció más ajustada a la naturaleza de nuestros materiales es la propuesta en el seno del Proyecto PRESEEA, investigación de alcance panhispánico que tiene su origen en la creación de un macrocorpus lingüístico del español hablado. Una vez recogido el material lingüístico, el investigador debe transliterar el corpus. Desde la coordinación del PRESEEA (Moreno Fernández 2003, 2005) se recomienda la transliteración ortográfica de los materiales y el empleo de unas convenciones elementales que incluyen el etiquetado de los textos mediante el uso de normas internacionales de marcación textual:

> «En cuanto al sistema que se ha de seguir para transcribir los materiales grabados, parece lógico proponer el uso de un sistema internacional, previsto y admitido en los medios industriales y de investigación de un número considerable de países y que no sea tan complejo como para eternizar la tarea, siempre ardua, de la transcripción. Proponemos que PRESEEA siga las convenciones internacionales de la TEI» (*Text Encoding Initiative*).

La *Text Encoding Initiative* es una propuesta internacional de representación escrita de la lengua oral que asume los fundamentos del *Standard Generalized Markup Language* (SGML). Sus líneas maestras fueron expuestas por Sperberg-Mcqueen y Burnard en 2002 teniendo en cuenta los presupuestos adoptados por el consorcio NERC (*Network of European Reference Corpora*) y por EAGLES (*Expert Advisory Group on Language Engineering Standards*) sobre la representación escrita de la lengua hablada (Llisterri 1996, 1999). La propuesta se estructura en niveles y en el Nivel II de anotación de textos se recomienda la transliteración ortográfica que asume PRESEEA y nosotros hemos adoptado en la transliteración de nuestro corpus. En la transliteración usada se respetan las convenciones normativas del español a la que se añade información acerca de la identidad de los informantes, los turnos de palabra y una sencilla marcación de fenómenos no verbales.

En definitiva, TEI ofrece un formato estandarizado por medio de una sintaxis especificada a través de elementos diferenciados del texto propiamente dicho. Estos elementos tienen la forma de unidades etiquetadas compuestas por una marca SGML y un fragmento de texto. La marca SGML posee dos partes que aparecen entre paréntesis angulares: una etiqueta de comienzo y otra de finalización. La etiqueta de finalización contiene una barra oblicua de marcación. No obstante, en la adaptación de las normas TEI a nuestro corpus hemos contemplado el uso de algunas etiquetas solo de apertura, en las que la ausencia de la marca de cierre se justifica para evitar situaciones de redundancia innecesaria. Entre ambas etiquetas se sitúa la parte del texto que se pretende marcar. En nuestro caso, además, para agilizar la identificación visual de las etiquetas hemos usado un cuerpo y un tipo de letra diferente al texto propiamente dicho:

<etiqueta> texto *</etiqueta>*

En la medida en que resulta compatible con la propuesta de la TEI, el modelo de representación del PRESEEA cumple los Principios de Diseño (*Design Principles*) elementales expresados por Edwards (1992):

- Principio de presentación visual: a) proximidad del hecho concreto; b) separación visual de acontecimientos distintos; c) iconocidad (*iconicity*) tiempo-espacio; d) prioridad lógica; e) marcación mnemotécnica y f) eficacia y concisión;
- Consistencia para la recuperación exhaustiva;
- Contraste sistemático entre las categorías.

Sin embargo, es necesario tener en cuenta que no se trata de realizar una simple acumulación de textos; más bien, se persigue obtener un conjunto ordenado de materiales lingüísticos que contemple distintos niveles de representación. Estos corresponderán a los diversos grados de elaboración de los datos manejados. La tarea de establecer estos niveles es esencial para definir y delimitar el propio corpus de trabajo. Cada uno de los niveles de representación está asociado a una serie de etiquetas relacionadas con un fragmento del texto (una palabra, una característica fonética elemental, una unidad prosódica, etc.) con la intención de aportar información complementaria cuando la fuente original del sonido no está accesible. En este sentido, es lógico pensar que con el proceso de etiquetado conseguimos un enriquecimiento del corpus mediante la suma de información adicional introducida por el investigador en función de sus pretensiones.

Por tanto, una de las principales tareas previas consiste en establecer un inventario de etiquetas que represente convenientemente los fenómenos lingüísticos seleccionados. Además, para facilitar el intercambio de los textos que integran diferentes corpus es preciso una cierta homogeneidad de forma. Para ello, nuestra propuesta se basa en un sistema de etiquetado estandarizado, pero a la vez, sencillo y cómodo.

4.1.1. Catálogo de etiquetas

Aunque la transcripción que hemos empleado está basada en la ortografía convencional, esta se complementa por medio de convenciones y rasgos específicos que permiten al usuario una reconstrucción lo más exacta posible de la situación de habla originaria, así como de algunas características fónicas, discursivas y estilísticas. De manera general, las características básicas más relevantes del sistema de transliteración y etiquetado que se propone son las que aparecen a continuación (Villena y Moya 2005):

4.1.1.1. *Etiquetas de documentación. Encabezado*

Esta serie de etiquetas se coloca antes del cuerpo de la transliteración propiamente dicho, siempre en el mismo orden, y proporciona la información general de la entrevista que introduce.

Las primeras etiquetas aportan información específica sobre los archivos de audio: en primer lugar, señalamos el nombre del fichero electrónico que contiene el sonido y, a continuación, indicamos el soporte en el que se realizó la grabación original, es decir, si fue una cinta de audio magnetofónica, grabada en mono o estéreo o bien si se trata de un soporte que combina imagen con sonido del tipo súper 8, 8'5, 9'5 o cualquier otro formato empleado; las etiquetas que siguen proporcionan los datos referentes a la duración de la entrevista, el idioma, el carácter del texto reproducido, el nombre del corpus específico al que pertenece, la fecha de grabación y la localidad en la que se realizó la entrevista. Aunque alguna información contenida en el encabezado pueda resultar redundante, no olvidemos que una de las aplicaciones más provechosas de la elaboración de corpus es su intercambio entre los diferentes grupos de investigación. Por tanto, aunque todos los documentos que forman nuestro corpus tienen su origen en la lengua hablada de la ciudad de Málaga, nos parece interesante mantener esta información para que los equipos ajenos a nuestro trabajo interesados en consultar nuestros materiales posean esa información adicional.

Ejemplo 1. *Etiquetas de documentación de audio*

> *<fichero = Entrevista de Manuel Blasco Alarcón a Julián Sesmero = 86_MBALAR_A>*
> *<audio magnetofón> <mono>*
> *<duración = 29:28>*
> *<idioma = español>*
> *<texto = oral>*
> *<corpus = ARQUEOLING>*
> *<fecha de grabación = 1986>*
> *<lugar de grabación = Málaga>*

A continuación, situamos otro grupo de etiquetas de encabezado que hace referencia a la transcripción de la entrevista. Tal y como puede verse en el Ejemplo 2, señalamos quién ha realizado la transcripción, en qué fecha, quiénes han sido los revisores y qué programa de tratamiento de textos hemos empleado para su edición.

Ejemplo 2. *Etiquetas de documentación sobre la transcripción*

> *<transcripción = Yorgos Sionakidis>*
> *<fecha de transcripción = 2021>*
> *<revisión 1 = Antonio Ávila, 2021>*
> *<revisión 2 = Juan Andrés Villena, 2021>*
> *<Microsoft Windows 10®. Microsoft Word 365®>*

Una vez expresada la información referente a la transcripción de la entrevista, detallamos los datos acerca de los sujetos participantes: en primer lugar, indicamos el código del informante dentro del macrocorpus general que impide su confusión con cualquier otro de similares características. Se trata de una especie de «matrícula» en la que aparece, en primer lugar, la identificación de la ciudad de origen del sujeto (MA = Málaga); a continuación, incluimos un guion seguido del número que el informante recibe en la base de datos general; después, colocamos la inicial correspondiente al sexo del informante (H = hombre, M = mujer); tras ella aparece un dígito que hace referencia al grupo de edad del informante en el momento de la grabación (1 = 20-34 años; 2 = 35-54; 3 = más de 55 años); por último, consta un código que indica el nivel de instrucción del informante (1 = sin estudios o instrucción primaria; 2 = instrucción secundaria; 3 = instrucción superior).

Seguidamente, se indican si se conocen, en sus respectivas etiquetas, los nombres del informante y del entrevistador, y tras ello las iniciales que aparecen a lo largo de la transliteración y que señalan el inicio de cada una de sus intervenciones. Después de estas etiquetas introducimos otras dos que detallan las características sociológicas de los participantes. Si hay más sujetos que han actuado como meros oyentes sin actuación verbal, añadimos nuevas etiquetas en las que se precisa el papel de cada uno de ellos, sus iniciales y sus características sociológicas (véase Ejemplo 3). También señalamos el origen de todos los entrevistados, sus relaciones de parentesco, amistad o de otra índole, así como el lugar de la grabación. La importancia de conocer estos datos se justifica por su posible incidencia en el comportamiento lingüístico de los hablantes. Por último, hacemos referencia al tipo de interacción (entrevista formal, conversación semidirigida, coloquio, discurso, etcétera) mantenido a lo largo de la grabación.

Ejemplo 3. *Etiquetas de documentación sobre los participantes*

<código informante = MA-204H11>
<nombre informante = Juan Campos = J>
<entrevistador =Julián Sesmero = S>
<J = Juan = 20 años, hombre, sin estudios, afilador>
<JS = Julián Sesmero = 48 años, hombre, instrucción superior, entrevistador>
<origen =JS = Málaga>
<roles = JS = relación nacida de la misma entrevista>
<lugar de grabación = Málaga>
<interacción = entrevista>

4.1.1.2. *Etiquetas de registro*

Incluimos, de manera experimental, un nuevo grupo de marcas que permiten segmentar el discurso según parámetros diafásicos y de tipo de discurso: i) planificación (modo); ii) tipo de discurso; iii) especialización (campo); iv) formalidad (tenor) (Halliday 1978; Gregory y Carroll 1978; Biber 1988). Hemos considerado conveniente situar estas marcas tras las etiquetas de documentación (encabezado) de modo que queden definidas las características generales de la entrevista (parámetros diafásicos por defecto) al comienzo de la transliteración. A lo largo de la transcripción, se indica cualquier variación en estos valores iniciales con su etiqueta correspondiente.

Este grupo de etiquetas, a veces, resaltado con un fondo llamativo al objeto de aligerar el trabajo de identificación de los cambios de registro en la versión electrónica, aunque en la versión escrita en soporte papel aparece con fondo sombreado.

Ejemplo 4. [1] *Etiquetas de registro*

Ejemplo 4.1.

> *<fichero = Entrevista de Julián Sesmero al afilador Juan Campos = 87_AFI>*
> *<audio magnetofón> <mono>*
> *<duración = 05:13>*
> *<idioma = español>*
> *<texto = oral>*
> *<corpus = ARQUEOLING>*
> *<fecha de grabación = 1987>*
> *<lugar de grabación= Málaga>*
> *<código informante = MA-204H11>*
> *<nombre informante = Juan Campos = J>*
> *<entrevistador =Julián Sesmero = JS>*
> *<J = Juan = 60 años, hombre, sin estudios, afilador>*
> *<JS = Julián Sesmero = 48 años, hombre, instrucción superior, entrevistador>*
> *<origen =J, JS = Málaga>*
> *<roles = J, JS = relación nacida de la misma entrevista>*
> *<interacción = entrevista>*
> *<planificación = entrevista> <tipo de discurso = diálogo> <campo = no técnico> <tenor = estatus = 1, edad = 2, proximidad = 2>*

> *<texto>*
> JS: Vamo<[s]> a ve<[r]> / vamo<[s]> a grabar a *<nombre propio>* Juan Campo<[s]> *</nombre propio> <planificación = entrevista> <nombre propio>* Juan Campo<[s]> *</nombre propio>* ¿lleva cuántos año<[s]> *<suspensión voluntaria>*.
> J: Ventidó<[s]>.
> JS: ¿Y siempre en *<nombre propio>* Málaga *</nombre propio>*?

---

[1]   Los ejemplos que parecen de aquí en adelante en este subapartado irán acompañados de las etiquetas de cabecera que posibilitan su identificación y facilitan la mejor comprensión del texto.

J: Bueno<(:)> he esta<[d]>o en <*nombre propio*> Málaga <*/nombre propio*> / y he esta<[d]>o en <*nombre propio*> Barcelona <*/nombre propio*> / he estado en <*nombre propio*> Madri<[d]> <*/nombre propio*>.

JS: ¿Uste<[d]> dónde vive normalmente?

J: Ahora mismo aquí en <*nombre propio*> Málaga <*/nombre propio*>.

JS: ¿Pero en qué sitio?

J: E<(:)> <*vacilación*> en las casilla<[s]> nueva<[s]> esta<[s]> que nos han dado.

JS: ¿Allí en <*nombre propio*> Lo<[s]> Asperone<[s]> <*/nombre propio*>?

J: En <*nombre propio*> Lo<[s]> Asperone<[s]> <*/nombre propio*>.

JS: Hombre uste<[d]> en <*nombre propio*> Lo<[s]> Asperone<[s]> <*/nombre propio*> ¿y qué tal le va allí?

J: Aquello está mu<[y]> retirado porque allí han hecho las casilla<[s]> en mu<[y]> mu<[:]><[y]> mal sitio y a parte de eso la basura que está allí // aquello // huele mu<[y]> mal.

[…]

Ejemplo 4.2.

<*fichero = Intervención de Francisco Carrillo Rubio en el aniversario de la muerte del cardenal Ángel Herrera Oria = 69_FCRUB*>

<*audio digitalizado*> <*mono*>

<*duración = 07:25*>

<*idioma = español*>

<*texto = oral*>

<*corpus = Arqueoling*>

<*fecha de grabación = 1969*>

<*lugar de grabación = Málaga*>

<*código informante = MA-035H23*>

<*nombre informante = Francisco Carrillo Rubio = FCR*>

<*FCR = Francisco Carrillo Rubio = 53 años, hombre, estudios superiores, eclesiástico*>

<*origen = FCR = Líbar, provincia de Málaga*>

<*interacción = exposición*>

[…]

JS: El aniversario de la muerte de nuestro cardenal llega a nosotros como una fecha de exigencia / en este ángulo estamos obligados a situarnos / y es que estamos los malagueño<[s]> en deuda permanente no solo con don <*nombre propio*> Ángel <*/nombre propio*> sino también a raíz de él y por una motivación nueva con la comunidad diocesana // por eso es muy de agradecer que la emisora de <*nombre propio*> Radio Peninsular <*/nombre propio*> haya programado espontáneamente este espacio / invitando a hablar para su amplia audiencia a varias personas // infinidad de malagueños de las esferas y condiciones más diversas hubieran dicho su palabra esta noche / la figura inabarcable de don <*nombre propio*> Ángel <*/nombre propio*> no necesita reivindicación pero sí nos obliga a pensar en

él / a hablar de él / a rezarle / a imitarlo / a seguir oyendo sus palabras / a no dejar que pueda ser menos fructuosa su vida y su obra / poseemos el tesoro de sus restos porque su corazón quedó irreversible y gozosamente apresado en la red de <*nombre propio*> Málaga </*nombre propio*> / y no podemos dejar insensatamente que por la zanja devoradora del tiempo se nos escape su espíritu // hace un año en este día la prestigiosa palabra de <*nombre propio*> Sánchez Muniáin </*nombre propio*> / dijo en <*nombre propio*> Radio Nacional de España </*nombre propio*> desde los estudios en <*nombre propio*> Madrid </*nombre propio*> <*estilo indirecto*> que al morir don <*nombre propio*> Ángel Herrera </*nombre propio*> / la Cristiandad había quedado más pobre // y monseñor <*nombre propio*> Liguti </*nombre propio*> / diplomático vaticano / que ha prestado altos servicios a la Iglesia en organismo<[s]> civile<[s]> internacionale<[s]> / afirmaba en otra ocasión que don <*nombre propio*> Ángel </*nombre propio*> era el hombre más grande que había dado la Iglesia en todo un siglo.
[…]

i) Como puede verse en el Ejemplo 4, el primer parámetro que tenemos en cuenta es el grado de planificación del discurso (modo). Indicamos de esta manera si la conversación que mantienen los interlocutores responde a la estructura de pares adyacentes (entrevista) o si se ha establecido un coloquio entre los participantes. En el ejemplo propuesto, el discurso se ha organizado como una entrevista y adopta la estructura de pregunta-respuesta a lo largo de la mayor parte de la conversación; por esta razón, la primera etiqueta que aparece por defecto tras el encabezado es la de <*planificación = entrevista*>. Sin embargo, esa situación comunicativa puede verse cambiada en el transcurso de la entrevista y adoptar una forma menos rígida, caso en el que se añadiría la etiqueta apropiada (<*planificación = coloquio*>). El objetivo es reflejar el contraste en el grado de planificación y cualquier modificación de las «reglas de juego» comunicativas que pueda condicionar las formas lingüísticas.

ii) En segundo lugar, tenemos en cuenta el tipo de discurso atendiendo a parámetros formales y semánticos. Distinguimos así entre el diálogo, el discurso expositivo, el narrativo y el argumentativo. Como ilustramos en el Ejemplo 5, la estructura dialogada se convierte en un discurso explicativo cuando la informante pasa a describir el tipo de relación que mantiene con uno de sus hermanos y, posteriormente, en una narración cuando cuenta lo que le sucedió a este con el coche.

Ejemplo 5. *Tipo de discurso*

Ejemplo 5.1.

<*fichero = Entrevista de Joaquín Soler Serrano a Victoria Kent = VK_79*>
<*audio y vídeo digitalizado*> <*estéreo*>
<*duración = 58:23*>
<*idioma = español*>

<texto = oral>
<corpus = Arqueoling>
<fecha de grabación = 1979>
<lugar de grabación = Madrid>
<código informante = MA-101M33>
<nombre informante = Victoria Kent = K>
<entrevistador = Joaquín Soler Serrano = SS>
<SS = 60 años, hombre, instrucción secundaria, periodista>
<K = 81 años, mujer, instrucción superior, política>
<origen = K = Málaga>
<origen = SS = Murcia >
<roles = K, SS = relación nacida de la misma entrevista>
<lugar de grabación = Málaga>
<interacción = entrevista>
<planificación = entrevista> <tipo de discurso = diálogo> <campo = no técnico> <tenor = estatus = 0, edad = 2, proximidad = 2>

[...]

SS: En su casa / ¿en su casa conoció usted sentimientos republicanos ya o los conoció fuera de su casa?

K: *<tipo = narrativo>* bueno liberales / liberales / mi padre era un hombre liberal y mi madre lo mismo aunque claro hemos nacido todos católicos pero / en fin / luego era un catolicismo muy amplio / porque no puedo olvidar una frase de mi madre cuando alguna amiga le dijo *<estilo directo>* bueno / pero / y uste<[d]> no van así a la misa diariame *<palabra cortada>* cotidiana? / ¿cada domingo? *</estilo directo>* / y dice *<estilo directo>* mire / yo tengo seis hijos y tengo mucho que hacer aquí y creo que la primera obligación de de una de una mujer católica o no es la casa y los hijo<[s]> *</estilo directo> </tipo = narrativo>*.

SS: Eso de la primera obligación de una mujer me recuerda que usted fue esgrimida durante cierto tiempo como un estandarte porque claro una mujer que *<simultáneo> <ininteligible>*.

K: Sí sí *</simultáneo>* es verdad.

SS: Que que destaca de ese modo *<simultáneo>* en el país.

K: Es verdad *</simultáneo>*.

SS: Y que tiene ese brillo esa independencia de criterio y de acción.

K: Ya ya sé.

SS: Era usted un poco / como como un ídolo de las mujeres que querían que querían liberarse.

K: Bueno sí pero yo le digo a uste<[d]> que yo no he hecho nada por liberarme / a mí me han ayudado los hombre<[s]> / no he tenido más que simpatía *<interrupción = "SS">*.

SS: ¿No ha tenido usted la enemistad de los hombres?

K: No solo enemista<[d]> / sino compañerismo y ayuda.

SS: Entonces para usted no existe la guerra de los sexos.

K: *<énfasis>* no no *</énfasis>* / para mí no.

SS: ¿Es usted feminista?

K: No.

SS: No.

K: *<risas = "K">* *<tipo = explicativo>* bueno / voy a decirle a uste<[d]> / mi feminismo consiste / ¿sabe? *<corrección>* de un lado de un lado mi feminismo consiste en que creo que la igualdad de derechos y deberes debe ser absolutamente la misma para hombre<[s]> y mujeres / ahora / hay cosas del feminismo moderno que yo no puedo compartir / el que una mujer pueda tener dos tres o cuatro hijos y a esos hijos los mande a una guardería y la mujer se vaya a ganar un jornal / para mí eso no tiene sentido *<tipo = /explicativo>*.

[...]

Ejemplo 5.2.

<fichero = Extracto de Málaga. Ayer y hoy de una ciudad de TVE; entrevistas sobre la riada de 1907 = 67_TVE_B>

<audio y vídeo digitalizado> *<estéreo>*

<duración = 05:09>

<idioma = español>

<texto = oral>

<corpus = ARQUEOLING>

<fecha de grabación = 1967>

<lugar de grabación = Málaga>

<código informante = MA-022M31>

<nombre informante = María Rosa Gálvez Guerrero = MG>

<entrevistador = desconocido = ER>

<ER = 40 años, hombre, instrucción superior, periodista>

<MG = 73 años, mujer, sin instrucción, ama de casa>

<origen = ER = desconocido>

<origen = MG = Málaga>

<roles = ER, MG = relación nacida de la misma entrevista>

<lugar de grabación = Málaga>

<interacción = entrevista>

<planificación = entrevista> *<tipo de discurso = diálogo>* *<campo = no técnico>* *<tenor = estatus = 1, edad = 2, proximidad = 2>*

[...]

ER: *<ruido>* doña *<nombre propio>* María Rosa Gálvez Guerrero *</nombre propio>* tiene setenta y tres años / ¿cuántos tenía usted el año de la riada?

MG: Trece año<[s]>.

ER: Trece años / ¿qué recuerda usted de aquel día?

MG: *<tipo = narrativo>* pues que a las doce de la noche / ¿uste<[d]> sabe? / reventó *<nombre propio>* Guadalmedina *</nombre propio>* / porque vino un muchacho que vivía arriba en la casa y tenía una hermana abajo y le dice *<estilo directo>* muchacha levántate que ha reventado *<nombre propio>* Guadalmedina *</nombre propio>* que nos vamo<[s]> a ahoga<[r]> esta noche *</estilo directo>* / y la hermana lo que pasa se echó a reír *<estilo*

directo> digo será bruto <*/estilo directo*> / decir / dice <*estilo directo*> levántate y mira cómo está la calle / pero si no nos metemos para dentro nos ahogamos antes de entrar en casa <*/estilo directo*> / ¿usted sabe? <*/tipo = narrativo*> <*/ruido*>.

[...]

iii) Las marcas de campo o especialización hacen referencia al tema de conversación tratado en cada momento. Para evitar la elaboración de un catálogo interminable de temas de conversación hemos establecido varios grupos generales: la vida cotidiana, la familia, los amigos, o la historia social de los participantes quedan englobados bajo el título de 'no técnico' con el objeto de diferenciarlos de temas más especializados —trabajo, aficiones, estudios, la historia de la ciudad, la Semana Santa— que se han agrupado bajo el rótulo de «técnico». Distinguimos también otros campos, como la ideología encubierta (cultura local, por ejemplo), la ideología patente (política, cultura, educación) o la ideología lingüística. En cualquier caso, esta es una etiqueta abierta en la que caben aquellos campos de especialización que cada grupo de trabajo estime conveniente.

Como se puede ver en el Ejemplo 6, el campo por defecto a lo largo de toda la entrevista es 'no técnico', ya que los informantes están refiriendo su historia social. Observamos que tan solo aquellos fragmentos que hacen referencia a los aspectos técnicos del trabajo de los sujetos se etiqueta como <*campo = técnico = trabajo*>, no así aquellos en los que los individuos sencillamente cuentan dónde han trabajado con anterioridad, sin entrar en detalles específicos sobre la labor que realizaban.

Ejemplo 6. *Etiquetas de especialización (campo)*

Ejemplo 6.1.

<*fichero = Entrevista a Cándido Jiménez Mariscal en el programa* Testimonio *de TVE = 67_TVE_A*>
<*audio y vídeo digitalizado*> <*estéreo*>
<*duración = 02:46*>
<*idioma = español*>
<*texto = oral*>
<*corpus = ARQUEOLING*>
<*fecha de grabación = 1967*>
<*lugar de grabación = Málaga*>
<*código informante = MA-021H31*>
<*nombre informante = Cándido Jiménez Mariscal = JM*>
<*entrevistador = desconocido = EX*>
<*EX = 35 años, hombre, instrucción desconocida, entrevistador*>
<*JM = 80 años, hombre, sin instrucción, cuidador de caballos*>
<*origen = EX = desconocido*>
<*origen = JM = Murcia, JS = Málaga*>

<roles = EX, JM = relación nacida de la misma entrevista>
<interacción = entrevista>
<planificación = entrevista> <tipo de discurso = diálogo> <campo = no técnico> <tenor = estatus = 1, edad = 2, proximidad = 2>
[...]

EX: Estamos en la conocida plaza de *<nombre propio>* La Malagueta *</nombre propio>* / vamos a dialogar con don *<nombre propio>* Cándido Jiménez Mariscal *</nombre propio>* / un hombre que a punto de cumplir ochenta años todavía se dedica al negocio de los caballos / él fue colaborador durante muchos años del célebre *<nombre propio>* Ramón Flores *</nombre propio>* *<apodo>* el Lele *</apodo>* / don *<nombre propio>* Cándido *</nombre propio>* ¿cuándo conoció usted a *<apodo>* el Lele *</apodo>*?

JM: Pue<[s]> del año sei<[s]> al año siete.

EX: Y ¿por qué lo conoció usted?

JM: Porque andaba con el hermano *<ininteligible>* el trato.

EX: ¿Cuánto valía por aquellas épocas un caballo?

JM: *<campo = técnico = trabajo>* un caballo para toros valía en aquella época cuarenta cuarenta y cinco duros.

EX: ¿Ese mismo caballo qué valdría ahora mismo?

JM: Este caballo ahora vale hoy hoy // vale de<(:)> cinco a seis mil pesetas.

EX: ¿Cuántos caballos había que preparar para cada corrida y para cada novillada?

JM: Pue<(:)><[s]> había que poner treinta y seis caballos por corrida de toros y veinticuatro en novillada<[s]>.

EX: ¿Ese número tan elevado por qué era?

JM: Porque entonces no había peto / como no había peto pues los toros mataban a muchos caballos.

EX: ¿Pero usted puede decirnos un término medio de caballos que morían por corrida?

JM: Por corrida unas má<[s]> otra<[s]> meno<[s]> de die<[z]> doce catorce *</campo = técnico = trabajo>*.

EX: ¿Usted ha visto o ha oído en alguna corrida que llegasen a faltar caballos pese a ser un número tan elevado?

JM: *<tipo = narrativo>* aquí en *<nombre propio>* Málaga *</nombre propio>* / en e<(:)>l año cierto no estoy si fue el veinte o el veintiuno / una corrida de zurda / una novillada / pue<[s]> mataron todo<[s]> casi todo<[s]> todo<[s]> lo<[s]> caballo<[s]> / y *<apodo>* el Lele *</apodo>* tuvo que salir a la calle / a desenganchar los caballos de<(:)> lo<[s]> coche<[s]> de punto y meterlos para dentro para picar el toro que quedaba *<tipo = /narrativo>*.
[...]

Ejemplo 6.2.

<fichero = Entrevista a Antonio de Canillas = 73_ACAN>
<audio digitalizado> <mono>
<duración = 06:59>
<idioma = español>

<texto = oral>
<corpus = Aʀǫᴜᴇᴏʟɪɴɢ>
<fecha de grabación = 1973>
<lugar de grabación = Málaga>
<código informante = MA–037H21>
<nombre informante = Antonio de Canillas = AC>
<entrevistador = desconocido = ER>
<AC = 44 años, hombre, sin instrucción, cantaor>
<ER= 35 años, hombre, instrucción desconocida, entrevistador>
<origen = AC = Canillas de Aceituno, provincia de Málaga>
<origen = ER = posiblemente Málaga>
<roles = AC, ER = relación nacida de la misma entrevista>
<interacción = entrevista>
<planificación = entrevista> <tipo de discurso = diálogo> <campo = no técnico> <tenor =
estatus = 1, edad = 2, proximidad = 2>

AR: ¿Y los turistas dan dinero o no?

AC: *<campo = técnico = trabajo>* pue<(:)> sí dan dinero *<ruido = música>* además *<vacilación>* los turista<[s]> que vienen por aquella<[s]> costa<[s]> *<vacilación>* / no los que vienen para allí no sé<(:)> por todo<[s]> sitio<[s]> será igua<[l]> son muy amable<[s]> / nosotro<[s]> dondequiera que vamos tanto el directo<[r]> como<(:)> *<vacilación>* los turista<[s]> que vienen no<[s]> acogen muy bien y ademá<[s]> agradecen mucho los cante<[s]> / y no solamente eso que dicen que a los turista<[s]> hay que cantarle<[s]> cante<[s]> de<(:)> chusma digámoslo así / la rumba que yo es una cosa que me va muy mal / yo empiezo a cantar por rumba y casi no me va muy bien / pero lo hago porque a ellos les gusta porque se les saca a baila<[r]> *<ininteligible>* / pero hay que cantarles por seguiriya<[s]> y cantarle<[s]> por soleá y cantarle<[s]> la calle // en el momento en que *<ininteligible>* eso<[s]> cantes así / ello<[s]> nos salen diciéndoles *<estilo directo>* ¡oh! no bueno no bueno *</estilo directo>* a ellos les gustan los cante<[s]> bueno<[s]> también pero vienen a *<nombre propio>* España *</nombre propio>* preguntando por el cante flamenco *<estilo directo>* ¿dónde está el cante flamenco? ¿dónde hay flamenco para ir a verlo? *</estilo directo>*.

AR: ¿Y para ti es suficiente esto canta<[r]> para los turista<[s]> con este cuadro flamenco y eso?

AC: Pue<[s]> sí<(:)> prueba de que a mí me han salido trabajo<[s]> pa<[ra]> fuera al extranjero y<(:)> no he querido sali<[r]> / *<ininteligible>* y espectáculo<[s]> / también me han salido cosas incluso yo puedo organizar un espectáculo y tengo ambiente por *<nombre propio>* Andalucía *</nombre propio>* para<(:)> explotar pagar a la gente y ganar dinero / sin embargo estoy allí con el cuadro flamenco y voy escapando bien *</campo = técnico = trabajo> </ruido = música>*.

[…]

iv) Usamos las etiquetas de tenor para describir la naturaleza de la relación que existe entre los interlocutores. Es necesario indicar si existen o no diferencias de estatus social (*<tenor = estatus = >*), si hay diferencia de edad (*<tenor = edad = >*) y hay que señalar también el grado de proximidad (*<tenor = proximidad = >*) que existe entre los participantes de cada interacción lingüística.

En cuanto al estatus y la edad, anotamos si la relación es de solidaridad (igualdad de estatus y edades similares), o si existen diferencias entre los interlocutores; en este último caso es preciso indicar si el informante está en relación de inferioridad o superioridad con respecto a su interlocutor (estatus) o si es menor o mayor que este (edad). En los cuadros 1 y 2 detallamos todas las posibilidades junto con el valor asignado a cada caso en la marcación.

Cuadro 1. *Formalidad (tenor y edad). Edad del informante con respecto al interlocutor*

> 0: Solidaridad (relaciones de igualdad aproximada de edad)
> 1: Jerarquía T < V (el informante es menor que el interlocutor)
> 2: Jerarquía V > T (el informante es mayor que el interlocutor)

Cuadro 2. *Formalidad (tenor y estatus). Identidad social del informante con respecto al interlocutor*

> 0: Solidaridad (relaciones de igualdad de estatus)
> 1: Jerarquía T < V (el informante está en relación de inferioridad con el interlocutor)
> 2: Jerarquía V > T (el informante está en relación de superioridad con el interlocutor)

Con respecto a la proximidad (véase Cuadro 3), hay que distinguir si el informante es un *insider* —amigo, pariente, compañero o vecino de la red personal de contactos del interlocutor—, un *outsider* —conocido o lazo débil de la red personal de contactos del interlocutor—, o si la relación entre ambos ha nacido como consecuencia de la realización de la propia entrevista.

Cuadro 3. *Formalidad (tenor y grado de proximidad)*

> 0: *Insider* (amigo, pariente, compañero, vecino de la red personal de contactos)
> 1: *Outsider* (conocido o lazo débil de la red personal de contactos)
> 2: Relación surgida en la entrevista misma

El fragmento que contiene el Ejemplo 7 pertenece a una entrevista en la que todos los participantes pertenecen al mismo grupo de edad, forman parte de la misma red social y tan solo se establece una relación de jerarquía referida al estatus entre cada uno de los informantes y el entrevistador, ya que este ha completado el ciclo superior de formación mientras que los informantes cuentan con estudios primarios. Durante casi toda la entrevista cada uno de los informantes se dirige al entrevistador y mantiene la jerarquía indicada al comienzo de la entrevista. Sin embargo, en algunos momentos los informantes, que mantienen una relación solidaria con referencia al estatus, hablan entre sí. Estos fragmentos en los que cambia la identidad social de los interlocutores se marcan expresamente en la entrevista, tal y como aparece a continuación.

Ejemplo 7. *Formalidad (tenor)*

> *<fichero = Grabación boda = 64_BDA>*
> *<audio y vídeo digitalizado> <estéreo>*
> *<duración = 23:15>*
> *<idioma = español>*
> *<texto = oral>*
> *<corpus = ARQUEOLING>*
> *<fecha de grabación = 1964>*
> *<lugar de grabación = Málaga>*
> *<código informante = MA-007H11>*
> *<código informante = MA-004M31>*
> *<código informante = MA-003M11>*
> *<código informante = MA-020H31>*
> *<nombre informante = desconocido = IA>*
> *<nombre informante = desconocido = M>*
> *<nombre informante = desconocido = I>*
> *<nombre informante = desconocido = A>*
> *<entrevistador = desconocido = EX>*
> *<IA = 20 años, hombre, instrucción primaria>*
> *<M = 50 años, mujer, instrucción primaria>*
> *<I = 19 años, mujer, instrucción primaria>*
> *<A = 24 años, hombre, instrucción superior, entrevistador>*
> *<origen = IA, M, I, A = Málaga>*
> *<roles = IA, M, I, A = familia>*
> *<interacción = entrevista ámbito privado>*
> *<planificación = entrevista> <tipo de discurso = diálogo> <campo = no técnico> <tenor = estatus = 1, edad = 0, proximidad = 0>*

[...]
IA: *<tenor = estatus = 0> <planificación = coloquio>* de nuevo va a habla<[r]> mi querida suegra.
M: *<observación complementaria = M se dirige a otra persona> <nombre propio>* Iné<[s]> *</nombre propio>* / que coma<[s]> mucho / que no le de<[s]> que sufri<[r]> a *<nombre propio>* Paco *</nombre propio>* / que tengas cuidadito con el tren / no te vaya<[s]> a cae<[r]> por la ventanilla.
</tenor = estatus = 0>
[...]

4.1.1.3. *Marcadores de actuación lingüística*

Distinguimos entre el conjunto de etiquetas referidas a la manifestación concreta sintagmática (corrección, palabra cortada, fáticos, etc.) y el conjunto propio de la dinámica discursiva (interrupción, simultáneo, suspensión voluntaria, etc.).

4.1.1.4. *Etiquetas de actuación sintagmática*

La tarea de transliteración y etiquetado de la lengua oral es muy compleja debido a la falta de normas explícitas que rijan el comportamiento lingüístico de los participantes. No existe en el sistema oral de comunicación ningún tipo de regla estilística, retórica ni gramatical que predetermine el comportamiento lingüístico de los hablantes. Por esta razón utilizamos una serie de etiquetas que señalan algunos de estos comportamientos (véase Cuadro 4).

Cuadro 4. *Etiquetas referidas a la manifestación concreta sintagmática*

<sic> </sic>
<corrección>
<palabra cortada>
<vacilación>
<(m:)>
<(e:)>
<fático = afirmación = >
<fático = interrogación = >
<fático = admiración = >

Parece recomendable no detenernos en la marcación de los vulgarismos, pues en realidad vulgarismos pueden aparecer en todos los niveles de análisis, no solo en el léxico, con lo que su identificación debería reservarse para posteriores trabajos específicos de anotación. No obstante, usamos la etiqueta *<sic> </sic>* cuando queremos marcar estructuras claramente agramaticales o construcciones anómalas con objeto de aclarar que no se trata de errores de transcripción:

[…] *<sic>* habemos *</sic>* tres […]

Es frecuente que en el decurso de la actuación lingüística los participantes se corrijan a sí mismos. Estas modificaciones pueden afectar también a cualquiera de los niveles de análisis lingüísticos y se marcan con la etiqueta *<corrección>*:

[…] ¡ah! *<fático = admiración = G>* lo *<corrección>* ¿le has da<[d]>o a tu amiga / si quiere? / ¿l<[e]> has preguntas si quiere / a *<nombre propio>* María *</nombre propio>*? […]

Empleamos la etiqueta *<palabra cortada>* para expresar que el informante ha interrumpido, por cualquier motivo, la emisión lineal de un término que había comenzado a pronunciar:

[...] y pa<[r]><[a]> estar un puña<[d]>i *<palabra cortada>* / coge un puña<[d]>o [...]

En ocasiones, esta interrupción va asociada a una corrección:

[...] a ver mi co *<palabra cortada>* *<corrección>* / mi esposa la conocí [...]

También es frecuente encontrar en el discurso oral la presencia de vacilaciones y pausas llenas que no son más que ruidos emitidos por los hablantes mientras piensan para mantener el turno de palabra u organizar su pensamiento. Parece recomendable utilizar, en estos casos, la etiqueta *<vacilación>*; además, añadimos otras que reproducen, más o menos fielmente, estas emisiones de voz cuando son relativamente identificables (*<(m:)>; <(e:)>*) y se deja al transcriptor la libertad de usar unas u otras según la evidencia del sonido onomatopéyico emitido:

[...] bueno otra cosa / por ejemplo / una / una niña / se *<vacilación>* conocía a un muchacho [...]

De la misma forma, son recurrentes en la comunicación oral las aseveraciones, negaciones, interrogaciones o exclamaciones en forma de simples fáticos: los participantes se dirigen a sus interlocutores mediante la emisión de señales fónicas que indican, la mayor parte de las veces, que el receptor comprende el sentido del relato. Para señalar estas circunstancias empleamos las etiquetas *<fático = afirmación = >*, *<fático = interrogación =>* y *<fático = admiración =>*. En estas etiquetas, el signo '=' va seguido de la inicial del participante que ha producido la señal.

Ejemplo 8. *Etiquetas de actuación sintagmática*

Ejemplo 8.1.

<fichero = Entrevista a Antonio de Molina por Miguel de los Santos en Cadena SER = 77_AMOL_A >
<audio y vídeo digitalizado> <mono>
<duración = 25:34>
<idioma = español>
<texto = oral>
<corpus = Arqueoling>
<fecha de grabación = 1977>
<lugar de grabación = Madrid>
<código informante = MA-038H21>
<nombre informante = Antonio de Molina = AM>
<entrevistador = Miguel de los Santos = S>
<AM = 44 años, hombre, sin instrucción, cantaor/actor>

<S = 41 años, hombre, instrucción secundaria, entrevistador>
<origen = AM = Málaga>
<origen = S = Madrid>
<roles = AM, S = relación nacida a partir de la entrevista>
<interacción = entrevista>
<planificación = entrevista> <tipo de discurso = diálogo> <campo = no técnico> <tenor = estatus = 1, edad = 0, proximidad = 2>

[...]
S: *<planificación = coloquio>* o sea que no había tiempo para *<ininteligible>*.
AM: No había tiempo para eso.
S: *<fático = afirmación = S>* bueno / ¿en qué te desplazabas a *<nombre propio>* Málaga *</nombre propio>*?
AM: *<vacilación>* / en un burro.
S: *<fático = interrogación = S>*¿en un burro?
AM: En un burro con la agua<[d]>era.
S: ¿Cuánto tardabas en llegar?
AM: Pue<(:)><[s]> media hora.
S: Media hora nada más *<ininteligible>*.
AM: Media hora o tres<[s]> cuarto<[s]> de hora.
S: *<fático = aformación = S>* ¿cómo era *<interrupción = M>*.
AM: Si hubiera teni<[d]>o un moto<(:)><[r]> hubiera tardado tre<[s]> minuto<[s]>.
[...]

Ejemplo 8.2.

<fichero = Entrevista-intervención de Miguel Ortiz Berrocal sobre la escultura dedicada a Picasso Siéxtasis= 77_BERR >
<audio y vídeo digitalizado> <mono>
<duración = 06:05>
<idioma = español>
<texto = oral>
<corpus = Arqueoling>
<fecha de grabación = 1977>
<lugar de grabación = Málaga>
<código informante = MA-039H23>
<nombre informante = Miguel Ortiz Berrocal = MO>
<MO= 44 años, hombre, instrucción superior, escultor>
<origen = MO = Villanueva de Algaidas, provincia de Málaga>
<interacción = monólogo>

[...]

MO: Pues el monumento es <*corrección*> representa una // una mujer acostada / la idea era de / de<(:)> unir el tema de la escultura que es una escultura mía con una referencia indirecta a tema<[s]> picassiano<[s]> que era el único método para mí de resolver el problema del monumento / porque no se trataba de hacer la estatua de <*nombre propio*> Picasso </*nombre propio*>/ entonces esta mujer acostada / tiene un <*corrección*> / una cabeza / en forma de corazón // este corazón está como como una cerámica rota / como <*vacilación*> un símbolo un poco del <*vacilación*> dolor de <*nombre propio*> Picasso </*nombre propio*> de estar lejos de su tierra // de este corazón nacen unas unas unas <*vacilación*> arterias algunas están cortadas y<(:)> es el tema digamos gráfico formal que compone toda la escultura // además esta <*corrección*> esta este<(:)> corazón roto / lo he aprovechado para significar dos visajes <*fático* = *afirmación* = "MO"> / dos retratos entonces no es una no es solo una mujer es una pareja.

[...]

4.1.1.5. *Etiquetas de dinámica discursiva*

Utilizamos este grupo de etiquetas para anotar el sistema de cambios, abandonos y adopción de turnos de palabra (véase Cuadro 5).

Cuadro 5. *Etiquetas de dinámica discursiva*

... abandono voluntario de turno
<*suspensión voluntaria*>
<*interrupción* = >
<*cláusula no completa*>
<*simultáneo*> </*simultáneo*>

La tarea de decidir si un hablante abandona el turno voluntariamente o si ha sido interrumpido no resulta siempre fácil. Si la pérdida es voluntaria, hay que procurar distinguir si el mensaje emitido está completamente cerrado —en cuyo caso hay que indicarlo con un punto en la transliteración— o si de manera voluntaria el hablante deja abierta su intervención para que los receptores interpreten su intención —en cuyo caso debemos marcar una suspensión voluntaria—.

Reservamos la etiqueta <*cláusula no completa*> para aquellas ocasiones en las que el sujeto deja temporalmente incompleto el mensaje, por lo general debido a un solapamiento, y finaliza su elocución en cuanto tiene ocasión de hacerlo.

Sin embargo, lo que en realidad constituye un auténtico problema en la transliteración de corpus orales en general es encontrar soluciones efectivas al problema de las simultaneidades que afectan a las intervenciones de los sujetos participantes. Sabemos que una de las características fundamentales de la lengua, señalada desde hace ya muchos años, es la de la linealidad. No es menos conocido el hecho de que en una conversación en la que intervienen dos o más personas pueden intentar hablar a la vez varios sujetos solapándose entonces en un mismo periodo de tiempo sus intervenciones. ¿Cómo representar estas situaciones de simultaneidad en un soporte plano como es la pantalla de un ordenador y sirviéndonos de una herramienta lineal como la lengua?

Podíamos haber optado por una solución puramente electrónica a partir de la utilización de hipertextos, es decir, textos conectados a bases de datos y recuperables en varios niveles de profundidad en la pantalla de nuestro ordenador. En cualquier caso, este sistema nos parecía complicado para personas no familiarizadas con la transliteración y, desde luego, solo válido para la recuperación del corpus por medio del ordenador.

La alternativa recomendada incluye el uso de etiquetas de simultaneidad que abrimos en el momento en que comienza el solapamiento y se cierran cuando esta situación deja de producirse. La solución, aunque pueda parecer fácil en teoría, a veces no lo es tanto en la práctica debido a lo difícil que resulta delimitar de manera exacta las zonas de imbricación conversacional.

Ejemplo 9. *Etiquetas de dinámica discursiva (cambios de turno)*

Ejemplo 9.1.

> *<fichero = Por la gracia de Dios = 79_ GRDS_31_33>*
> *<audio y vídeo digitalizado> <estéreo>*
> *<duración = 18:23>*
> *<idioma = español>*
> *<texto = oral>*
> *<corpus = ARQUEOLING>*
> *<fecha de grabación = 1979>*
> *<lugar de grabación = Málaga>*
> *<código informante = MA -074H12>*
> *<código informante = MA -075H12>*
> *<código informante = MA -076H12>*
> *<código informante = MA -077H32>*
> *<nombre informante = desconocido = P>*
> *<nombre informante = desconocido = C>*
> *<nombre informante = desconocido = D>*
> *<entrevistador = desconocido = A>*
> *<P = 42 años, hombre, sin instrucción, desconocido>*
> *<C = 21 años, hombre, sin instrucción, desconocido>*
> *<D = 34 años, hombre, sin instrucción, desconocido>*
> *<A = 33 años, hombre, instrucción superior, entrevistador>*
> *<origen = P, C, D, A = Málaga>*
> *<roles = P, C, D, A = relación nacida a partir de la entrevista>*
> *<interacción = entrevista>*

<planificación = entrevista> <tipo de discurso = diálogo> <campo = no técnico> <tenor = estatus = 1, edad = 2, proximidad = 2>

[…]

P: *<ruido fondo>* yo tengo que saca*<[r]>* esto por co*<[j]>*one*<[s]>* como aquel que dice / *<fático = interrogación = P> <interrupción= C>*.

C: *<ininteligible> <interrupción = P>*

P: Porque no tengo un duro ni pa*<[ra]>* / ni pa*<[ra]>* para darle a mi chavea de come*<[r]>* // llevo ya once mese*<[s]>* para*<[d]>*o / y sin encontra*<[r]>* traba*<[j]>*o.

C: Yo en la mili / casa*<[d]>*o / mi mu*<[j]>*e*<[r]>* a lo me*<[j]>*o*<[r]>* ahora viene y me dice que está pariendo ya / y no tengo un duro y tengo que saca*<[r]>* esto / y lo principa*<[l]>* es *<sic>* de que *</sic>* la Semana Santa es pa*<[ra]>* lo*<[s]>* hombre*<[s]>* de co*<[j]>*one*<[s]>* y no pa*<[ra]>* la*<[s]>* rueda*<[s]>* // lo*<[s]>* de *<nombre propio>* Málaga *</nombre propio>* tienen fama de eso / de pantalone*<[s]>* pa*<[ra]>* subi*<[r]>* un trono pa*<[r]><[a]>* arriba *<simultáneo> <ininteligible>*.

A: ¿Cuánto *</simultáneo>* se os suele da*<r>*?

P: Ayer saqué un trono / me dieron mil peseta*<[s]>* / reventa*<[d]>*o *<interrupción=D>*.

D: Má*<[s]>* reventa*<[d]>*o que una lechuga.

P: Y*<(:)>* eso.

C: Y una botella de aceite ya *<ininteligible> <interrupción = P>*.

P: Mu*<(:)><[y]>* mal paga*<[d]>*o y despué*<[s]>* no hay traba*<[j]>*o / hombre / no hay traba*<[j]>*o // no hay derecho a eso // a que tengamos que estar *<simultáneo> <ininteligible>* en la Semana Santa para ganar algo.

D: *<ininteligible> </simultáneo> </ruido fondo>*

[…]

Ejemplo 9.2.

<fichero = Extracto de Málaga. Ayer y hoy de una ciudad *de TVE; entrevistas sobre la riada de 1907 = 67_TVE_B>*
<audio y vídeo digitalizado> <estéreo>
<duración = 05:09>
<idioma = español>
<texto = oral>
<corpus = Arqueoling>
<fecha de grabación = 1967>
<lugar de grabación = Málaga>
<código informante = MA-022M31>
<código informante = MA-023H31>
<código informante = MA-024H31>
<nombre informante = María Rosa Gálvez Guerrero = MG>
<nombre informante = José Pérez = JZ>
<nombre informante = Francisco Amores Cortez= FA>
<entrevistador = desconocido = ER>

<ER = 40 años, hombre, instrucción superior, periodista>
<MG = 73 años, mujer, sin instrucción, ama de casa>
<origen = MG, JZ, FA = Málaga>
<origen = ER = desconocido>
<roles = ER, [MG, JZ, FA] = relación nacida de la misma entrevista>
<roles = MG, JZ, FA = vecinos de barrio>
<lugar de grabación = Málaga>
<interacción = entrevista>
<planificación = entrevista> <tipo de discurso = diálogo> <campo = no técnico> <tenor = estatus = 1, edad = 2, proximidad = 2>

ER: *<ruido fondo>* entonces con tal cantidad de lodo / con tal cantidad de barro ¿cómo se entraba a las casas?

FA: Por los balcones *<interrupción = MG>*.

MG: Por los balcones *<simultáneo>* porque la cantidad de barro se quedaba como si hubiera sido este suelo.

JZ: *<ininteligible> </simultáneo>*.

MG: Eso pasa hoy y se mueren la mita<[d]> de las persona<[s]> *<interrupción = FA>*.

FA: Bueno y una de anécdota<[s]> que se pueden contar que no vea uste<[d]>.

MG: Y aquí en los fondo<[s]> de calle *<nombre propio>* Mármole<[s]> *</nombre propio>* había una posada muy importante / no se ahogaron ahí *<ininteligible>* porque<(:)> *<interrupción = FA>*.

FA: *<ininteligible>* tocando la zambomba *<simultáneo> <ininteligible>*.

JZ: *<ininteligible> </simultáneo>*.

FA: Un *<ininteligible>* que se ha puesto una<[s]> *<ininteligible>* que estaba en la posada y que aquella noche *<ininteligible> <interrupción = MG>*.

MG: *<ininteligible> <interrupción = MG>*.

JZ: La suerte la suerte fue que fue de noche / si es de día hay una verdadera catástrofe / porque claro hubiesen ido las madres a los chicos que están en el colegio pues bien la suerte ya lo ve fue de noche *<ininteligible>* dentro de la desgracia tuvimos esa suerte.

MG: *<simultáneo>* fue de noche.

FA: *<ininteligible> </simultáneo>*

4.1.1.6. *Marcadores de acciones no verbales y fenómenos no fonológicos*

Son etiquetas que marcan fenómenos visuales o intencionales recuperados gracias al conocimiento de la situación por parte del transcriptor.

Cuadro 6. *Marcadores de acciones no verbales*

<irónico> </irónico>
<metalingüístico> </metalingüístico>
<onomatopéyico> </onomatopéyico>
<apelativa = > </apelativa = >

<risas = >
<ruido = >
<observación complementaria = >

Marcamos, por tanto, los fragmentos de texto que tengan intención irónica, los enunciados para hablar de la misma lengua o aquellos sonidos de carácter onomatopéyico. Señalamos, también, aquellas situaciones en las que uno de los participantes se dirige a otro, siempre y cuando el destinatario de su mensaje no se deduzca claramente por el contexto. Marcamos, además, las risas, los ruidos, ajenos o no a la propia comunicación y añadimos observaciones complementarias que faciliten la interpretación del discurso. En los ejemplos siguientes ilustramos el uso de estas etiquetas.

Ejemplo 10. *Etiquetas de acciones no verbales*

<fichero = Entrevista grabación Boda_Montilla>
<audio digitalizado> <estéreo>
<duración = 23:15>
<idioma = español>
<texto = oral>
<corpus = ARQUEOLING>
<fecha de grabación = 1964>
<lugar de grabación = Málaga>
<interacción = entrevista>
<planificación = entrevista> <tipo de discurso = diálogo> <campo = no técnico> <tenor = estatus = 0, edad = 0, proximidad = 2>

[...]
E: Bueno/ muchas gracias/ ahora/ a la novia.
I3 (novia): ¿Que qué me ha parecido la ceremonia? / *<irónico>* yo no me enterado de nada/ como yo era la que iba dentro *</irónico>*.
<risas>
E: Eso no eso no es una contestación.
[...]
E: Ahora al novio.
I7 (novio): Pues nada / *<irónico>* lo que más me ha gustado de la ceremonia ha sido la cuando terminaba ya/ cuando terminaba *</irónico> <risas>*.
E: ¿Y eso por qué?
I7: ¡Ay! porque yo estaba muy nervioso.
E: Ah / ¡no me diga usted eso!
I7: Y ¿qué quiere usted que le diga?
<risas de fondo>
E: Ahora a al padrino.

I8 (padrino): Yo lo único que tengo que decir es que no hago más casamientos. *<risas de fondo>*
[...]

4.1.1.7. *Convenciones sobre la puntuación y ortografía*

En este apartado incluimos un amplio grupo de etiquetas relacionadas, de manera más o menos directa, con las normas ortográficas y de puntuación (véase Cuadro 7). Se incluyen las marcas relacionadas con los nombres propios, títulos, términos específicos de una determinada materia o campo, extranjerismos, siglas y contacto lingüístico. Marcamos las pausas en función de su duración, así como las citas directas e indirectas.

Cuadro 7. *Convenciones sobre la puntuación*

> *<nombre propio> </nombre propio>*
> *<apodo> </apodo>*
> *<título> </título>*
> *<término> </término>*
> *<extranjero> </extranjero>*
> *<lengua = > </lengua = >*
> *<siglas = []> </siglas>*
> / (pausa funcional)
> // (pausa breve)
> *<silencio>*
> *<estilo directo> </estilo directo>*
> *<estilo indirecto> </estilo indirecto>*
> *<cita textual> </cita textual>*

Seguimos, por lo general, las normas ortográficas del español; escribimos con mayúscula inicial los nombres propios, los apodos y los títulos a pesar de que este hecho pueda resultar redundante al emplearse una etiqueta explícita para marcar este hecho. La utilización de estas y otras etiquetas (*<término> </término>*, *<extranjero> </extranjero>*, *<lengua = > </lengua = >* [2]) puede facilitar la realización de búsquedas futuras que agilicen los análisis lingüísticos. En la etiqueta de *<siglas = []> </siglas>* incluimos también una transcripción fonética simplificada de la realización pronunciada por el hablante:

[...] primero de *<siglas = [éso]>* ESO *</siglas>* [...]

---

[2] El empleo de la etiqueta *<lengua = > </lengua = >* es propio de las comunidades de habla bilingües, aunque su uso no tiene que estar restringido únicamente a ellas.

Ejemplo 11. *Convenciones sobre la puntuación*

> *<fichero = Entrevista a José Negrete = 83_NEG_A>*
> *<audio digitalizado> <mono>*
> *<duración = 24:49>*
> *<idioma = español>*
> *<texto = oral>*
> *<corpus = ARQUEOLING>*
> *<fecha de grabación = 1983>*
> *<lugar de grabación = Málaga>*
> *<código informante = MA-066H21>*
> *<código informante = CCV_A_067H21>*
> *<nombre informante = desconocido = AD>*
> *<nombre informante = desconocido = JZ>*
> *<JN = 59 años, hombre, instrucción primaria, librero>*
> *<origen = JN = Málaga>*

[...]
JN: Para mí un libro e<[s]> la vida / lo que decía *<ininteligible>* español *<estilo directo>* e<[s]> el comienzo de la vida *</estilo directo>* / y e<[s]> la finalida<[d]> *<vacilación>* / la cultura e<[s]> lo que no<[s]> puede lleva<[r]> a engrandecerno<[s]> a hacerno<[s]> mejore<[s]> / mientra<[s]> el españo<[l]> interprete el problema cultura<[l]> como una cosa esencial casi vital / *<sic>* y *</sic>* incluso casi doméstica el problema de *<nombre propio>* España *</nombre propio>* seguirá siempre el mismo / la irreconciliación siempre será la misma / *<fático = interrogación = "JN">* y la barbarie siempre será la misma.
[...]

Utilizamos las convenciones usuales para la interrogación, la exclamación o el acento, pero no así para las pausas, ya que las pausas fónicas no coinciden necesariamente con las pausas ortográficas: por tanto, codificamos las pausas según su duración relativa. En nuestro caso, la propuesta se simplifica considerablemente. Hemos decidido adoptar un sencillo sistema que va desde la pausa mínima funcional representada con una barra tendida hacia la derecha /, hasta la pausa intencionada que provoca un silencio perceptible: *<silencio>*. Señalamos las pausas intermedias con dos barras tendidas a la derecha: //. Como ya hemos indicado en el Cuadro 5, el punto se reserva para los casos en que el informante da por acabada su intervención y abandona el turno de palabra.

Ejemplo 12. *Representación de los distintos tipos de pausas (/, //, <silencio>)*

> *<fichero = Julián Sesmero entrevista a la abadesa de la antigua abadía del Císter= 82_CIS>*
> *<audio digitalizado> <mono>*
> *<duración = 13:36>*

<idioma = español>
<texto = oral>
<corpus = ARQUEOLING>
<fecha de grabación = 1982>
<lugar de grabación = Málaga>
<código informante = MA-196M13>
<nombre informante = María Auxiliadora = abadesa = MA>
<nombre informante = Julián Sesmero = entrevistador = JS>
<MA = 60 años, mujer, sin estudios, abadesa>
<JS = 48 años, hombre, estudios superiores, periodista>
<origen = MA, JS = Málaga>
<roles = AD, JZ = relación nacida a partir de la entrevista>
<interacción = entrevista>
<planificación = entrevista> <tipo de discurso = diálogo> <campo = no técnico> <tenor = estatus = 1, edad = 2, proximidad = 2>

[...]
JS: Como por ejemplo la la abadía de *<nombre propio>* Santa Ana de Císte*<[r]>* *</nombre propio>*.
MA: *<ininteligible>*.
JS: ¿Es este el nombre que tiene verda*<[d]>*? *<silencio>*.
MA: Sí.
JS: Abadía de *<nombre propio>* Santa Ana de Císte*<[r]>* *</nombre propio>*.
MA: Sí / sí.
JS: ¿Y de qué siglo es esto?
MA: *<silencio> <vacilación>* yo a mí *<corrección>* no me pregunte uste*<[d]>* de historia porque yo no / de mi*<[l]>* seiscientos.
[...]

También evitamos el uso de comillas, sustituidas por las etiquetas de *<cita textual> </cita textual>*, *<estilo directo> </estilo directo>* o *<estilo indirecto> </estilo indirecto>*, con las que marcamos, además, características sintácticas que pueden ser de utilidad para la reconstrucción de la situación verbal reproducida o para facilitar posteriores análisis.

Ejemplo 13. *Características sintácticas y convenciones sobre puntuación*

Ejemplo 13.1.

<fichero = Entrevista de Joaquín Soler Serrano a Victoria Kent = VK_79>
<audio digitalizado> <estéreo>
<duración = 58:23>
<idioma = español>
<texto = oral>
<corpus = ARQUEOLING>

<fecha de grabación = 1979>
<lugar de grabación = Madrid>
<código informante = MA–101M33>
<nombre informante = Victoria Kent = K>
<entrevistador = Joaquín Soler Serrano = SS>
<SS = 60 años, hombre, instrucción secundaria, periodista>
<K = 81 años, mujer, instrucción superior, política>
<origen = K = Málaga>
<origen = SS = Murcia >
<roles = K, SS = relación nacida de la misma entrevista>
<lugar de grabación = Málaga>
<interacción = entrevista>
<planificación = entrevista> <tipo de discurso = diálogo> <campo = no técnico> <tenor = estatus = 0, edad = 2, proximidad = 2>

[...]

S: Pero a usted realmente ¿quién le ofreció el cargo? / ¿el ministro o se lo ofreció el presidente?

K: El presidente *<simultáneo>* me llamó por teléfono a mi casa.

S: ¿El presidente *<nombre propio>* Alcalá Zamora *</nombre propio>* la llamó? *</simultáneo>*.

K: *<tipo = narrativo>* el presidente me llamó a casa y cuando me dijo mi secretaria *<estilo directo>* e<[s]> que dicen que llaman de la presidencia *</estilo directo>* ¡dios mío! me echo a correr *<estilo directo>* ¿qué pasa? ¿la presidencia? / que ¿con quién hablo? soy don *<nombre propio>* Niceto *</nombre propio>* / ¡ay! don *<nombre propio>* Niceto *</nombre propio>* perdón presidente seño<[r]> presidente dígame dígame / pues mire ¿usted quiere colaborar con nosotro<[s]>? / yo no deseo otra cosa / pues le asignaríamos a uste<[d]> el cargo de Directora General de Prisione<[s]> / nada me puede uste<[d]> ofrecer que me complazca más *</estilo directo>* // así quedó aquello / don *<nombre propio>* Niceto *</nombre propio>* me llamó a casa / no fue *<nombre propio>* Fernando de los Ríos *</nombre propio>* *</tipo = narrativo>*.

[...]

Ejemplo 13.2.

<fichero = Entrevista a Mariquilla = 84_LOT>
<audio digitalizado> <mono>
<duración = 10:56>
<idioma = español>
<texto = oral>
<corpus = ARQUEOLING>
<fecha de grabación = 1984>
<lugar de grabación = Málaga>
<código informante = MA–118M31>

<nombre informante = Mariquilla = MQ>
<nombre informante = desconocido = entrevistador = IX>
<MQ = 70 años, mujer, sin estudios, vendedora de lotería>
<IX = 50 años, hombre, estudios superiores, periodista>
<origen = MQ, IX = Málaga>
<roles = MQ, IX = relación nacida a partir de la entrevista>
<interacción = entrevista>

<planificación = entrevista> <tipo de discurso = diálogo> <campo = no técnico> <tenor = estatus = 1, edad = 2, proximidad = 2>

[...]

MQ: Pues saludo al gobernado<[r]> y al cogerle la mano a nuestro presidente le digo *<cita textual>* buena<[s]> tarde<[s]> seño<[r]> presidente presidente de la casa real dale recuerdo<[s]> a mi reina y dile *<estilo directo>* que *<nombre propio>* Mariquilla *</nombre propio>* la quiere a ella de verda<[d]> pero qué casualida<[d]> presidente del corazón si uste<[d]> tiene el apellido el mismo que tengo yo uste<[d]> se llama *<nombre propio>* Calvo Sotelo *</nombre propio> <nombre propio>* Calvo Vera *</nombre propio>* soy yo *</cita textual>*.
[...]

4.1.1.8. *Rasgos prosódicos*

Hemos introducido una serie de etiquetas relacionadas con la entonación y el volumen de las emisiones (véase Cuadro 8). También incorporamos la etiqueta de *<énfasis></énfasis>*, que puede indicar elevación tonal, intensidad, separación entre sílabas, variaciones en el tempo, etc.

Cuadro 8. *Etiquetas de rasgos prosódicos*

<volumen alto> </volumen alto>
<volumen bajo> </volumen bajo>
<énfasis>
<(:)>
<[]>

Utilizamos una etiqueta para la representación de las características fonéticas propias de muchas variedades innovadoras del español <[]>. Con ella reflejamos la elisión de consonantes en la tensión silábica y la virtual fusión intersegmental en el encuentro silábico subsiguiente, medie o no frontera de palabra [3].

---

[3]   En nuestro caso particular (grabaciones procedentes de la ciudad de Málaga), marcar los casos de elisión en la posición de distensión silábica es innecesario al ser un fenómeno muy generalizado en las hablas meridionales. No obstante, sí marcamos estas elisiones cuando afecten a otros elementos adyacentes.

Ejemplo 14. *Elisión de segmentos fónicos*

<fichero = Programa Calle Larios Canal Sur = 88_CLAR_D>
<audio y vídeo digitalizado> <estéreo>
<duración = 00:45>
<idioma = español>
<texto = oral>
<corpus = ARQUEOLING>
<fecha de grabación = 1988>
<lugar de grabación = Málaga>
<código informante = MA-136H11>
<nombre informante = José Fernández = JSS>
<JSS = 16 años, hombre, sin estudios, limpiabotas>
<origen = JSS = Málaga>
<roles = AD, JZ = relación nacida a partir de la entrevista>
<interacción = monólogo>

[...]
JSS: Ahora te voy a limpiar lo<[s]> zapato<[s]> con música / lo que no hace nadie aquí en *<nombre propio>* Málaga *</nombre propio>* / una<[s]> vec<[e]><[s]> me hago dos o tres mil calas / le doy a la parienta // dos mil pesetas / me quedo con mil pesetas / me be<[bo]> mi<[s]> copita<[s]> con mi<[s]> amigo<[s]> mi<[s]> primo<[s]> / me voy a *<nombre propio>* La Palmilla *</nombre propio>* / me echo mi<[s]> *<sic>* cantecita<[s]> *</sic>* allí / *<volumen bajo>* b<[ue]><[n]> *</volumen bajo>* me enrollo con to<(:)><[d]><[o]> el mundo / to(:)<[d]><[o]> do el mundo me quiere po<[r]> eso //.
[...]

También anotamos el aumento de cantidad o duración de algunos segmentos mediante la marca <(:)>. Este fenómeno se produce por razones diversas ligadas a la acentuación, énfasis o vacilación y duda de los hablantes.

Ejemplo 15. *Aumento de la cantidad, a veces asociada a la vacilación*

<fichero = Labor de Silencio= 81_LSIL_C>
<audio y vídeo digitalizado> <estéreo>
<duración = 01:55>
<idioma = español>
<texto = oral>
<corpus = ARQUEOLING>
<fecha de grabación = 1981>
<lugar de grabación = Málaga>
<código informante = MA-195H11>
<nombre informante = desconocido = JA>
<JA = 22 años, hombre, instrucción primaria>

<E = 40 años, hombre, instrucción secundaria, periodista>
<origen = JA = Málaga>
<roles = JA, E = relación nacida a partir de la entrevista>
<interacción = entrevista>
<planificación = entrevista> <tipo de discurso = diálogo> <campo = no técnico> <tenor = estatus = 1, edad = 1, proximidad = 2>

[...]

E: Y<(:)> *<vacilación>* cuando vas por las calles de *<nombre propio>* Málaga *</nombre propio>* / ¿estás pendiente de los gritos del pueblo cuando grita *<estilo directo>* ¡viva mi Cristo! *</estilo directo>*? *<vacilación>* o ¿qué sientes? / ¿qué notas?

JA: Lógicamente es u<(:)>n e<(s)> algo que no puede<(s)> expresarlo en palabra<(s)> // no sé cómo<(:)> // ya.

[...]

Ejemplo 16. *Aumento de la cantidad asociado al énfasis*

<fichero = Entrevista a Mariquilla = 84_LOT>
<audio digitalizado> <mono>
<duración = 10:56>
<idioma = español>
<texto = oral>
*<corpus = A*RQUEOLING*>*
<fecha de grabación = 1984>
<lugar de grabación = Málaga>
<código informante = MA-118M31>
<nombre informante = Mariquilla = MQ>
<nombre informante = desconocido = entrevistador = IX>
<MQ = 70 años, mujer, sin estudios, vendedora de lotería>
<IX = 50 años, hombre, estudios superiores, periodista>
<origen = MQ, IX = Málaga>
<roles = MQ, IX = relación nacida a partir de la entrevista>
<interacción = entrevista>
<planificación = entrevista> <tipo de discurso = diálogo> <campo = no técnico> <tenor = estatus = 1, edad = 2, proximidad = 2>

[...]

I: Pero rápidamente *<nombre propio>* Mariquilla *</nombre propio>* cuéntanos qué es lo que pasó con tu quiosco.

M: Pos mira que se / le dieron por mi quiosco.

I: ¿A quién? / ¿a quién le dio por el quiosco?

M: Los *<sic>* grinujas esos que hay por allí.

I: Los ladrones.

M: Sí / se han lleva<d>o *<énfasis>* to(:)<[d]>a<[s]> *</énfasis>* la<[s]> cosas que tenía / *<tipo = explicativo>* se han lleva<[d]>o la escoba se han lleva<[d]>o el cubo se han lleva<[d]>o la fregona se lo han lleva<[d]>o *<énfasis>* to<(:)><[do]> *</énfasis>* *</tipo = explicativo>*.

[...]

4.1.1.9. *Otras etiquetas*

Son etiquetas que hacen referencia a incidencias de la grabación: marcamos el inicio y el final del texto, señalamos las apariciones de fragmentos ininteligibles, de registros defectuosos, las interrupciones de la grabación, borrados accidentales, etc.

Cuadro 9. *Incidencias de la grabación*

> *<texto> </texto>*
> *<ininteligible>*
> *<registro defectuoso> </registro defectuoso>*
> *<interrupción de la grabación>*
> *<borrado accidental>*

Ejemplo 17. *Incidencias de la grabación*

Ejemplo 17.1.

> *<fichero = programa Cadena SER en vivo sobre las inundaciones del 1989 = 89_INUN_E>*
> *<audio digitalizado> <estéreo>*
> *<duración = 01:26>*
> *<idioma = español>*
> *<texto = oral>*
> *<corpus = ARQUEOLING>*
> *<fecha de grabación = 1989>*
> *<lugar de grabación = Málaga>*
> *<código informante = MA-153H11>*
> *<nombre informante = Manolo Marmolejo = MM>*
> *<MM = 25 años, hombre, instrucción primaria, trabajador en un almacén>*
> *<F = 35 años, hombre, instrucción superior, periodista>*
> *<origen = MM, F = Málaga>*
> *<roles = MM, F = relación nacida a partir de la entrevista>*
> *<interacción = entrevista>*
> *<planificación = entrevista> <tipo de discurso = diálogo> <campo = no técnico> <tenor = estatus = 1, edad = 1, proximidad = 2>*

[...]

F: Hola / buena<[s]> tardes / buena<[s]> tardes.

MM: *<ininteligible>*

<observación complementaria = alguien grita>

F: Buena<[s]> tardes.

<interrupción de la grabación> <observación complementaria = MM acude a la llamada>

MM: ¿Sí?

<ruido = se manipula el teléfono>

F: Sí uste<[d]> / ¿cómo se llama?

MM: *<nombre propio>* Manolo Marmolejo *</nombre propio>*.

F: *<nombre propio>* Manolo *</nombre propio>* cuéntenos.

MM: Eh *<nombre propio>* Paco *</nombre propio>* vamos a ve<[r]> por la *<nombre propio>* Azucarera *</nombre propio>* es imposible pasa<[r]> / eso está totalmente bloquea<[d]>o *<vacilación>* está cortada la carretera / ahora mismo acaba de pasar un coche de la Cruz Roja del mar con una *<nombre propio>* Zodiac *<nombre propio>* porque en camino a *<ininteligible>* porque vamos hay camiones atrapados / coches atrapados y no hay quien pase hay un atasco liado / es para que la gente ni intente salir para cruzar este puente porque e<[s]> imposible.

F: Es imposible / ¿tú lo ves? ¿ *<nombre propio>* M<(:)>anolo *</nombre propio>* lo ves?

MM: Sí sí yo trabajo aquí cerca *<vacilación> <ininteligible>* no *<ininteligible>* no fui ni a comer nos hemos queda<[d]>o aquí y esto está totalmente bloquea<[d]>o por el *<nombre propio>* Polígono Guadalhorce *</nombre propio>* inundado entero / *<ruido = F>* por el *<corrección>* lo que e<(:)> cruzar el puente eso totalmente inundado / lo que e<(:)> la gasolinera de *<nombre propio>* Colema *</nombre propio>* / eso está lleno de agua entero y incluso<(:)> se *<ininteligible>* ve hasta un poco como de gasolina que ha subido hacia arriba.

F: Claro.

MM: *<fático = interrogación>* porque eso está totalmente desbordado ¿eh?

F: Sí sí.

MM: Imposible / y<(:)> bueno y por lo que se ve el venir el poli*<palabra cortada>* de de la fábrica de amoníaco al *<nombre propio>* Polígono Guadalhorce *</nombre propio>* exactamente igual está totalmente inundado.

F: *<nombre propio>* Manolo *</nombre propio>* y ¿cómo cómo *<vacilación>* estáis soportando ahora mismo vosotros<[s]> ahí en vuestro sitio de trabajo la la situación?

MM: Pues bueno aquí trabajando y con resignación de que no podemos salir de aquí *<ruido = F>* y que nos espera<(:)> pues un tiempo bastante bastante largo *<fático = interrogación>*.

F: *<registro defectuoso>* sí de momento la inestabilidad del tiempo *<vacilación> <corrección>* de la meteorología sigue estando *<simultáneo>* presente *<interrupción = MM>*.

MM: Aquí llueve aquí está lloviendo *</simultáneo>*.

F: Está lloviendo.

</registro defectuoso>

MM: Sí.

F: ¿Y de comer cómo?

MM: *<vacilación>* bocata<[s]> y un bar que hay al lado y a agotar la<[s]> existencia<[s]> del bar.

F: No hay más remedio / *<nombre propio>* Manolo *</nombre propio>* gracias por tu información y que la cosa sea leve.

[…]

Ejemplo 17.2.

<fichero = Manuel Blasco Alarcón en el documental La Málaga de comienzos del siglo = 73_MBALAR>

<audio y vídeo digitalizado> <mono>

<duración = 09:39>

<idioma = español>

<texto = oral>

<corpus = ARQUEOLING>

<fecha de grabación = 1973>

<lugar de grabación = Málaga>

<código informante = MA-043H33>

<nombre informante = Manuel Blasco Alarcón = MB>

<MB = 74 años, hombre, instrucción superior, artista>

<origen = MB = Málaga>

<interacción = monólogo>

[…]

MB: *<ruido fondo> <ruido = música> <registro defectuoso>* iniciamo<[s]> nuestro recorrido desde la *<nombre propio>* Plaza de la Constitución *</nombre propio>* / centro ombligo de *<nombre propio>* Málaga *</nombre propio>* con su farola luminosa recién estrenada y ya tiene mote *<apodo>* El Sonajero *</apodo>* // nuevo lugar de citas *<estilo directo>* te espero en la plaza *</estilo directo>* / sitio de ocio sentados en los escalones / lucían entonces quioscos con flores *<ininteligible>* / existían los *<ininteligible>* y la clásica parada de coche<[s]> / por las noches risas y jolgorios de niñas bien de las casa<[s]> *<ininteligible>* camino del Chinitas // durante el día / futuro<[s]> maestro<[s]> y pintore<[s]> entraban en *<nombre propio>* San Telmo *</nombre propio>* / y las beatas *<ininteligible>* el *<nombre propio>* Cristo de la Salud *</nombre propio>* // por allí pasaron todas las cabalgatas desfiles y procesiones / es la plaza // calle simétrica recién construida / con suelo de madera y *<ininteligible>* / era el salón de *<nombre propio>* Málaga *</nombre propio>* con gentes sentadas por las aceras en diez cafés y dos casinos // los coches de caballos y los primeros autos respetan el paso de los viandantes y por la calzada desfila la vaca de la leche / el vendedor del rico helado / el de la lotería el limpia y la gitana pedigüeña. *</ruido fondo> </ruido = música> </registro defectuoso>*.

[…]

En el Anexo 1 se ofrece un ejemplo de transliteración de una grabación completa con objeto de mostrar las especificaciones expresadas en las páginas previas. No obstante, para facilitar las consultas rápidas, todos los documentos están igualmente almacenados en formato TXT limpio de etiquetas y de marcas metalingüísticas, a excepción de la conservación de las pausas orales que se han mantenido en forma de barras (/) y los rasgos prosódicos básicos (alargamientos, elisiones) para hacer más accesible la consulta (Véase apéndice 2).

4.2. DISEÑO DE LA BASE DE DATOS EN EXCEL Y CREACIÓN DE UN MODELO SEMI-AUTOMATIZADO DE ORGANIZACIÓN

El plan de organización metodológica dividía el trabajo en cinco etapas pertenecientes a tres fases (inicial, mediana y final), que avanzaban según se iba actualizando la base de datos y se iban concluyendo ciertas labores. La idea era que cada actividad fuera exclusiva de cada etapa para optimizar el tiempo y las técnicas de trabajo, en un marco temporal que abarcó desde septiembre de 2020 hasta junio de 2021. Cada etapa contaba con un proceso de seguimiento por parte del grupo de trabajo mediante reuniones presenciales y telemáticas, y se eligió Microsoft Sharepoint como espacio de trabajo en común, aprovechando el almacenamiento en la nube que ofrece para crear copias de seguridad del naciente corpus. Igualmente, se utilizó Google Sheets para ir registrando los resultados de la búsqueda de archivos en las distintas instituciones públicas y privadas.

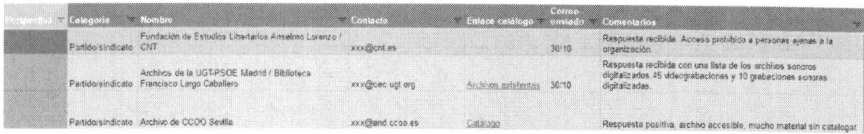

Figura 3. Extracto de la hoja de cálculo de Google Sheets con los avances en las pesquisas en las distintas instituciones con un código de colores apropiado. Hemos anonimizado las direcciones de correo.

Fase 1

En la Fase 1 se sentaron las bases metodológicas del proyecto, aprovechando la intensa labor preparatoria preexistente que había llevado a cabo el Grupo de Investigación. Esta preparación permitió un rápido despliegue de recursos y la consolidación de la primera versión (0.1) de la base de datos en formato Excel. En concreto, la arquitectura de esta se basó en la distribución de los contenidos en dos pestañas centrales (una dedicada a las grabaciones y la otra a los informantes) y otras dos de apoyo (introducción e histórico de versiones), que intentaremos resumir a continuación.

Pestaña introductoria

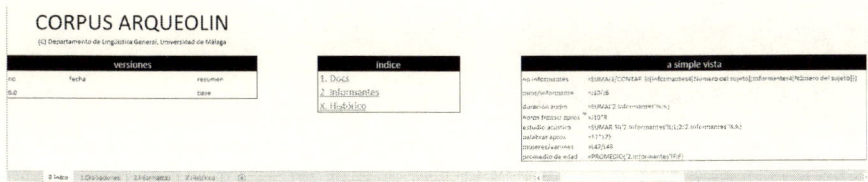

Figura 4. Pestaña introductoria a la versión inicial de la base de datos con las fórmulas necesarias para ofrecer una imagen global del corpus.

Se intentó crear un marco («A simple vista») que nos diera una imagen global del estado de nuestro corpus de manera automática. Los datos y las fórmulas aplicadas fueron:

Número de informantes

Se trata del cálculo del número de informantes que aparecen en el corpus. La fórmula calcula el número de los informantes individuales, evitando así que se cuenten informantes que aparezcan más de una vez.

Minutos por informante

Se calcula dividiendo el número total de informantes (celda superior) con la duración total del corpus.

Duración del audio

Hemos optado por sumar los minutos de participación de cada informante de manera individual en lugar de calcular la suma de los minutos por grabación para afinar lo máximo posible.

Horas de transcripción aproximadas

Basándonos en nuestra experiencia personal, establecimos que una hora de transcripción correspondería a 8 minutos de audio, teniendo en cuenta la calidad deficiente que esperábamos encontrar en la mayor parte de las grabaciones [4].

Minutos de audio que permitan estudios acústicos

Uno de los usos potenciales de nuestro corpus podría ser su uso como fuente de análisis acústicos, estudios que, no obstante, requieren una calidad de sonido excep-

---

[4] Para un estado de la cuestión sobre el cálculo del tiempo necesario para llevar a cabo la transcripción de proyectos semejantes al nuestro se puede consultar Ghyselen, Breitbarth, *et al.* 2020. La incógnita acerca de la calidad de los audios que formarían parte de nuestro corpus y los limitados recursos que alejaban cualquier posibilidad de externalizar o automatizar las labores de transcripción, alineación y edición también justifican una elevada carga prevista de trabajo.

cional. Para eso decidimos clasificar la calidad de los audios en tres niveles, siendo el número 3 apto para estudio acústico; el 2 para audios que permiten distinguir la pronunciación, pero el ruido ambiental o música de fondo hacen descartar el audio como fuente de datos acústicos, y 1 para audio de calidad mediocre pero incorporado al corpus por su carácter excepcional. Esta métrica sumaba la duración total de los audios puntuados con 3.

Palabras aproximadas

Para obtener una media posible de palabras por minuto transcrito, se llevaron a cabo cinco transcripciones de prueba que indicaron que de media había 175 palabras por minuto, cifra que se multiplica con el total de horas del corpus expresado en minutos.

Mujeres/Hombres

Es la razón por sexo que nos permite visualizar la distribución de ambos sexos a lo largo de nuestro corpus. Era una de las métricas que de antemano sabíamos que iba a presentar un importante sesgo hacia el lado masculino.

Promedio de edad

Este campo calcula el promedio de edad de los informantes. Es un índice a priori aproximado, al no disponer de este dato para algunos informantes.

Pestaña de grabaciones

En la pestaña que recoge, clasifica y codifica los archivos de audio que componen nuestro corpus, la idea era presentar una imagen global de cada archivo de sonido. En la primera columna incorporamos el nombre de las grabaciones en sí, cuya codificación intentamos que fuese lo más intuitiva posible: las primeras dos cifras corresponden al año de grabación, las tres o cuatro letras siguientes representan el contenido del documento y el número al final indica el orden de aparición (los tres elementos están separados por guiones bajos). La fecha de grabación se vuelve a repetir en la siguiente columna para ayudar a calcular algunas fórmulas que más adelante incorporaríamos en la pestaña de Introducción, mientras que la columna «Tipo discursivo» diferencia entre varias opciones textuales en función de parámetros como el carácter unidireccional (conferencias, pregones) o bidireccional (conversaciones, entrevistas) de los discursos, la presencia (cara a cara) o ausencia (a distancia) de los interlocutores y el grado de espontaneidad que estos manifiestan (conversaciones familiares, entrevistas formales). Por su parte, también incluimos el número de participantes válidos (los que proceden de Málaga ciudad para distinguirlos de los que, pese a participar en el corpus, no cumplan este criterio), la duración total de la grabación y el estado de la grabación analizado en el epígrafe anterior. En la siguiente ilustración se muestra un extracto con las primeras dos líneas de dicha pestaña, con dos archivos sonoros pertenecientes a una cesión particular de excelente calidad y altísimo interés, que recoge grabaciones de una boda en el año 1964.

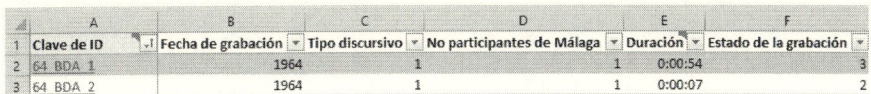

	A	B	C	D	E	F
1	Clave de ID	Fecha de grabación	Tipo discursivo	Nº participantes de Málaga	Duración	Estado de la grabación
2	64_BDA_1	1964	1	1	0:00:54	3
3	64_BDA_2	1964	1	1	0:00:07	2

Figura 5. Extracto de la pestaña Grabaciones de nuestra base de datos.

Pestaña de informantes

Esta es la pestaña más importante de nuestra base de datos, dado que aquí se recogería la información pormenorizada de los verdaderos protagonistas de nuestro estudio, los propios informantes. La idea general era clasificarlos de modo que se pudieran extraer de nuevo esquemas resumidos del estado del corpus automáticamente mientras fuéramos avanzando en el proceso de recogida de materiales. Así pues, se decidió incluir la siguiente información en diferentes columnas:

- Número/código del informante: en formato numérico de tres dígitos de 001 a 999, para garantizar la máxima uniformidad. Este número es el verdadero número de identidad de cada informante[5].
- Archivo de procedencia: hace referencia a los archivos de la pestaña «Grabaciones». Cuando un informante aparece en más de una grabación, se crea una línea nueva por cada nueva aparición repitiendo el número del informante.
- Nombre: cuando se conoce el verdadero nombre del participante, se cita; de otra manera se incluye una descripción característica (por ejemplo, «madre del entrevistador») para ayudar a su identificación.
- Sexo.
- Edad aproximada: se cita la edad cuando se conoce a ciencia cierta y se pone una edad aproximada (en cursiva) cuando se desconoce. Cabría apuntar que detrás de esta pestaña se esconde un enorme trabajo de documentación en archivos de diarios, sitios web y correos electrónicos de varias decenas de horas, dada la importancia de la edad para producir estudios sociolingüísticos válidos.
- Origen y años de residencia: la mayor parte de los informantes proceden de Málaga, pero decidimos incluir a algunas personas de la provincia de Málaga con fuertes lazos con la ciudad y cuya trayectoria profesional

---

[5] En el presente trabajo aplicamos una referencia híbrida que no hemos utilizado en la clasificación del corpus. Así pues, cuando nos referimos a un informante al citar sus palabras, el formato que utilizamos será [AÑO_ARCHIVO_NÚMERO DE INFORMANTE], siguiendo a Tagliamonte 2012.

o biográfica en gran parte hubiera tenido lugar en ella, un aspecto que también supuso muchas horas de investigación [6].

- Ocupación: lamentablemente esta es la columna que menos información contiene, al ser estos datos los que menos se explicitan en las grabaciones.
- Tipo discursivo: incorporamos la misma tipología que en la pestaña anterior. Su inclusión en esta pestaña se consideró necesaria por fines estadísticos.
- Tiempo de grabación: esta es la columna que recoge el verdadero tiempo de grabación presente en Arqueoling. Desde el principio decidimos que nuestro objetivo era presentar un corpus lo más útil y sustancioso posible. Todo archivo sonoro recibido iba a ser analizado en cuanto a su contenido, informantes y calidad para luego pasar a ser recortado con el propósito de mantener solo los segmentos utilizables.
- Calidad: es el mismo valor que en la pestaña explicada anteriormente.
- Tema: esta columna sirve de recuerdo del contenido discursivo de la grabación/intervención de cada informante y se emplea como antesala a la última clasificación:
- Temática más global, que nos ofrece una imagen más resumida de los temas tratados en el corpus y cuyas categorías fueron: sociedad (temas culturales), historia de Málaga, Semana Santa, biografía y actualidad.

Figura 6. Extracto de la pestaña Informantes. Los informantes que aparecen en más de una grabación se marcan en negrita.

Finalmente, se incorporó un último apartado con la idea de recoger todo cambio en el corpus que tuviera un impacto en su arquitectura, distribución o contenidos, pero excluyendo la mera incorporación de materiales. Fue un campo muy útil a la hora de establecer la genealogía de nuestro trabajo y poder recuperar el camino que nos llevó a su feliz conclusión, recogida en gran medida en el presente ensayo.

Fases 2 y 3

La Fase 2 constituyó el trabajo con el corpus en sí y fue dividida en dos subfases, *a* y *b*. Durante la primera nos dedicaríamos a recoger materiales, anotarlos inicialmente

---

[6] Es menester subrayar que para no perder los datos que íbamos recopilando sobre los distintos informantes, apuntamos directamente esos datos y sus fuentes como comentario en la correspondiente celda.

(adjuntando un breve texto en formato electrónico en la carpeta correspondiente, donde se incluía la descripción, procedencia, nombre inicial del archivo y año del documento) y rellenar la base de datos (esencialmente la pestaña «grabaciones»).

Durante la subfase *2b* procederíamos a descartar los materiales sin interés o de mala calidad y recortarlos de manera que el corpus dispusiera solo de documentos aprovechables enteramente. Decidimos que el formato a usar en nuestro corpus iba a ser *.wav*, hecho que nos obligaría a convertir los documentos sonoros o de vídeo a este formato. Para todo este proceso utilizaríamos el programa Audacity[7], que permite etiquetar las partes indeseadas y eliminarlas automáticamente una vez terminada la anotación, y también convertir los distintos formatos de audio al formato indicado. Para la edición, recorte inicial de los archivos audiovisuales y conversión de formato utilizaríamos la aplicación VLC[8].

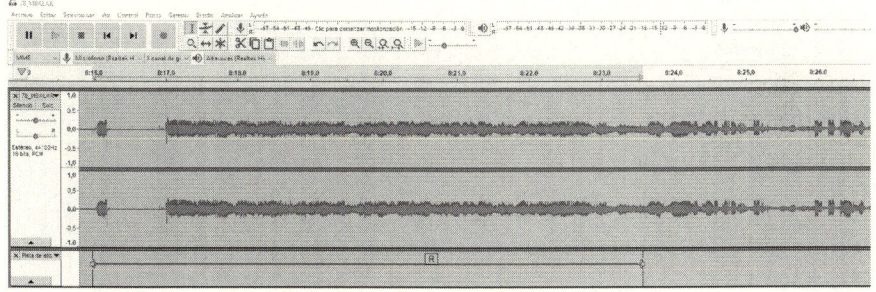

Figura 7. Captura de pantalla del programa de edición de audio Audacity que utilizamos para recortar los segmentos inútiles (R en la línea de etiquetado) de los audios de manera eficiente.

Terminada la fase 2, cuyo horizonte temporal se estableció en 5 meses, nuestra base de datos debería alcanzar la madurez necesaria como para darnos una imagen global de nuestro esfuerzo y presentar todos los documentos con los que habíamos trabajado, clasificados y anotados correctamente.

---

[7]   Distribuido bajo la Licencia Pública General de GNU (en su versión GPLv2) de código abierto disponible en <https://www.audacityteam.org/>.

[8]   Este programa es igualmente libre y de código abierto distribuido bajo la misma Licencia Pública General de GNU (en su versión 2) y disponible en <https://www.videolan.org/vlc/index.es.html>.

1	Clave de ID	Fecha de	Tipo discursiv	No participantes	Duración	Estado de la grabación
126	85 APOP	1985	2	1	0:06:27	2
127	85 ESTR	1985	5	1	0:55:27	3
128	85 MAPIED	1985	2	1	0:16:06	3
129	85 ORFE	1985	2	1	0:08:15	3
130	85 VARS A	1985	3	1	0:01:54	2
131	85 VARS B	1985	2	1	0:04:22	3
132	85 VARS C	1985	4	1	0:05:30	2
133	85 VOC	1985	2	1	0:16:21	3
134	86 ABMU	1986	2	1	0:18:39	3
135	86 JMDEL	1986	2	1	0:08:00	3
136	86 MDREY	1986	2	1	0:48:55	3
137	87 MUS A	1987	2	1	0:07:33	3
138	87 MUS B	1987	2	2	0:07:11	3
139	87 SUC	1987	2	1	0:22:59	3
140	88 CLAR A	1988	5	1	0:03:34	2
141	88 CLAR B	1988	5	1	0:00:38	2
142	88 CLAR C	1988	2	1	0:01:22	2
143	88 CLAR D	1988	2	1	0:00:45	2
144	88 CLAR E	1988	5	1	0:03:55	2

0.Intro 1.Grabaciones 2.Informar ...

Figura 8. Imagen que presentaba la pestaña Grabaciones una vez concluida la fase 2 (versión 0.9 de la base de datos).

Número d	Archivo de procedencia	Sexo [1	Edad aproximada	Origen	Años de reside	Ocupación	Tipo discursiv	Tiempo de grabación	Calidad	Tema	temática más global
125 117	84 HDESP	1	34	1		abogado	1	0:05:29	2	sucesos Málaga 1936	historia de Málaga
126 118	84 LOT	2	70	1	70	vendedora de loto	2	0:10:56	3	biografía	biografía
127 119	85 APOP	1	76	1		director del muse	2	0:06:27	2	el museo	sociedad
128 120	85 ESTR	1	51	1		poeta	5	0:55:27	3	biografía	biografía
129 121	85 MAPIED	1	50	1		galeria de arte	2	0:16:06	3	biografía-música	sociedad
										Orfeón universitario	
130 122	85 ORFE	1	55	6	15	director de coro	2	0:08:15	3	de Málaga	sociedad
										Torre-molinos	
131 123	85 VARS A	1	42	2	42	político	3	0:01:54	2	independient	actual-dad
										historia de Málaga (6	
132 030	85 VARS B	1	84	1	84	empresario	2	0:04:22	3	(Perchel)	historia de Málaga
										decreto sobre	
133 124	85 VARS C	1	37	4	17	presidente de la c	5	0:05:30	2	Disneyland en Málaga	actualidad
134 125	85 VOC	1	55	1	55	escritor	2	0:16:21	3	biografía	biografía
135 126	86 ABMU	1	70	1		empresario (impr	2	0:18:39	3	biografía	biografía
136 127	86 JMDEL	1	37	1		académico	2	0:08:00	3	biografía	biografía
137 128	86 MDREY	1	58	1		cantaor	2	0:48:55	3	biografía	biografía
138 129	87 MUS A	1	24	3		músico	2	0:07:33	3	música	sociedad
139 130	87 MUS B	1	30	1		músico	2	0:03:36	3	música	sociedad
140 131	87 MUS B	1	30	1		músico	2	0:03:36	3	música	sociedad
141 132	87 SUC	1	79	1		intelectual	2	0:22:59	3	historia de Málaga, bio	historia de Málaga
142 133	88 CLAR A	1	80	1		vaciador	5	0:03:34	2	historia de Málaga	historia de Málaga
143 134	88 CLAR B	1	50	1		kiosxero	5	0:00:38	2	historia de Málaga	historia de Málaga
144 135	88 CLAR C	1	80	1		vendedor de lote	5	0:01:22	2	historia de Málaga	biografía
145 136	88 CLAR D	1	17	1		limpiabotas	2	0:00:45	2	historia de Málaga	historia de Málaga
146 137	88 CLAR E	1	65	1		poeta	2	0:03:55	2	historia de Málaga	historia de Málaga
147 138	88 CLAR F	1	54			abogado		0:03:04	3	historia de Málaga	historia de Málaga

1.Grabaciones 2.Informantes X-histórico

Figura 9. La pestaña Informantes antes de la revisión final del corpus (versión 0.9 de la base de datos).

De hecho, el resultado no nos defraudó y, cuando concluimos la primera revisión por parte de los integrantes de nuestro equipo, se podría afirmar que nuestro corpus ya había nacido.

Fase 4

Según nuestra planificación inicial, en la siguiente fase nuestro grupo de trabajo se iba a dedicar a la transcripción y segmentación de los documentos sonoros que componían el corpus. Para este objetivo se estableció que el programa a utilizar sería el ELAN[9], que permite llevar a cabo esas actividades de manera rápida y coordinada, ofreciendo enormes posibilidades de anotación a nivel lingüístico y metalingüístico. El flujo de trabajo aplicado a seguir consistía primero en realizar la segmentación y luego la transcripción, para la cual seguimos el formato propuesto en el marco del proyecto PRESEEA explicado anteriormente.

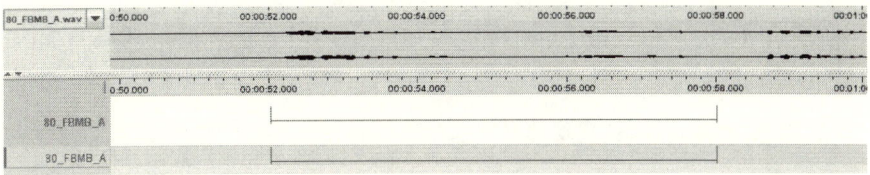

Figura 10. Captura de pantalla del programa ELAN durante el proceso de segmentación de un documento sonoro.

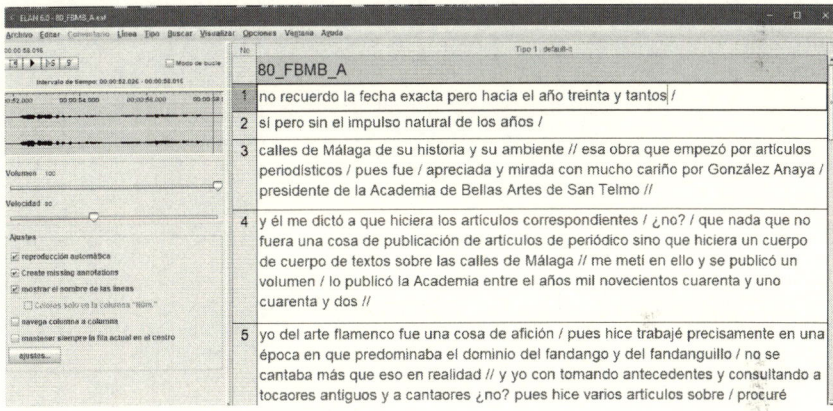

Figura 11. Captura de pantalla del proceso de transcripción con el programa ELAN.

En esta última etapa concluimos con éxito el plan propuesto, cuyo resumen presentamos a continuación. Antes de cerrar este capítulo, no obstante, cabría señalar que nuestro corpus no está cerrado y, gracias a la modificabilidad de su base de datos, lo iremos actualizando conforme recibamos nuevos materiales que cubran lagunas y equilibren la distribución de los datos.

---

[9] Utilizamos las versiones 6.0 y 6.1 del programa, desarrollado por el Max Planck Institute for Psycholinguistics de Nimega y disponible en <https://archive.mpi.nl/tla/elan>. Entre otros, *vid.* Brugman y Russel 2004.

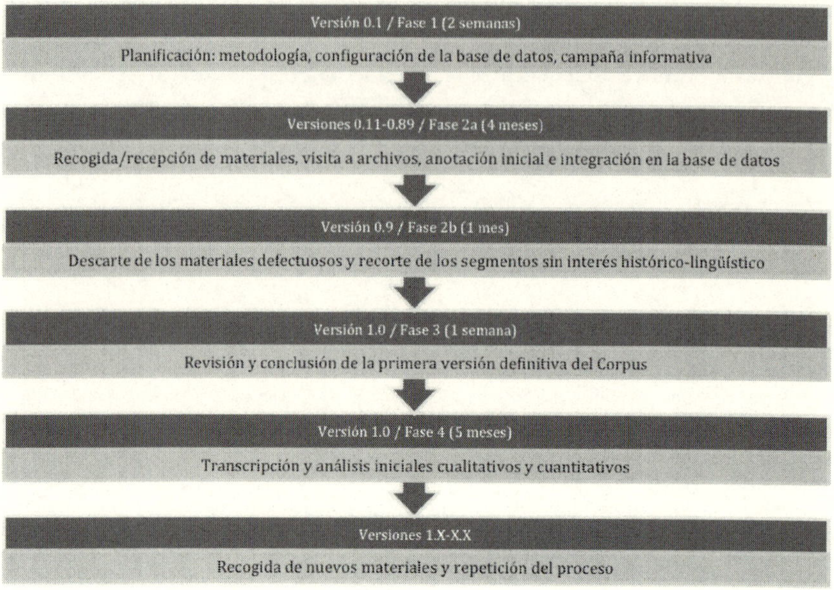

Figura 12. Esquema del plan de actuación.

5

DESCRIPCIÓN DE LAS COLECCIONES QUE COMPONEN EL CATÁLOGO

La tarea de identificar, localizar y recopilar los innumerables archivos sonoros necesarios para el desarrollo de nuestra investigación dispersos por todo el país o alojados en la red se pareció desde el principio a intentar buscar una aguja en un pajar. Desde muy pronto tuvimos claro que nuestro cometido iba a ser bastante arduo a causa de las limitaciones impuestas a nivel geográfico, temporal y, sobre todo, de soporte. Frente a los materiales escritos, que desde hace milenios cuentan con soportes de la más variada índole que les ha permitido ser conservados y transmitidos ininterrumpidamente a través de los siglos, los materiales sonoros presentan una problemática de carácter tecnológico que les es casi exclusiva. No es este el lugar para desentrañar las complejas relaciones entre oralidad y escritura ni para recordar que lo oral ha dominado nuestras sociedades hasta hace bien poco, en un proceso que según los teóricos de las transformaciones de la modernidad parece regresar cada vez con más fuerza (Foley 2012). Para que una investigación como la nuestra funcione, necesita de documentos sonoros grabados en un soporte que haya sido correctamente guardado y que pueda ser reproducido en la actualidad. Por lo tanto, nuestro gran enemigo es el inexorable paso del tiempo, que provoca la degradación de los soportes (López-de-Quintana-Sáenz 2014), el relativamente lento avance tecnológico y la difícil «democratización» de los materiales que permitiesen no solo la producción y transmisión de la voz, sino, sobre todo, su grabación y almacenamiento (Balsebre 2002). Además, nuestro interés por lo vernacular, el habla más espontánea y «natural» (Coupland 2016), chocaba con la escasez de documentos sonoros de interés anteriores a los años noventa, lo que se debe a la falta de familiaridad con los aparatos de grabación de la mayor parte de la población y al miedo escénico que provocaba cualquier aparición de estos en plena calle o el mero hecho de hablar en un medio de comunicación como la radio. Igualmente, otro de los postulados metodológicos de la investigación sociolingüística, el de tener cuanta más información sea posible sobre el hablante, también era de complicado cumplimiento dados los avatares, no tanto de los archivos sonoros en sí, como de sus cajas o documentos acompañantes (en el caso improbable de que hubieran existido en algún momento), muy fáciles de extraviar. Esto implicaría una enorme carga de trabajo mediante la escucha atenta de la totalidad de las intervenciones para poder desenterrar la información biográfica y sociológica de los participantes, escondida muchas veces en alguna pregunta o giro de palabra.

El sesgo generacional, de género y de clase eran de esperar. Podríamos concluir, pues, que las limitaciones impuestas a nuestro cometido presagiaban un duro camino pero que, como todo investigador sabe, nos podría ofrecer verdaderas joyas.

5.1. Instituciones públicas

La fuente principal para cualquier tipo de investigación archivística suelen ser los archivos públicos [10]. Razones obvias como la accesibilidad, el carácter presuntamente abierto para la ciudadanía y los investigadores y una financiación más estable, aunque sin duda exigua, hacen de las grandes instituciones un terreno potencialmente fructífero. Ahora bien, tanto la situación sanitaria sobrevenida durante la etapa de recogida de materiales como males endémicos como el silencio administrativo, la nula accesibilidad o las dificultades a la hora de conseguir un catálogo de los contenidos de los archivos [11] fueron causas de decepción durante los primeros pasos de nuestra investigación. Tal es el caso del Archivo Sonoro de Radio Televisión Española (Prieto 2009) [12] que, pese a aparecer en varias publicaciones y noticias como fuente inagotable de riqueza documental, ha sido de momento imposible de consultar, caso semejante al de la Agencia EFE. No obstante, hemos de reconocer que, gracias a los programas televisivos ubicados en la página web de la radiotelevisión pública estatal, hemos tenido acceso a material de gran relevancia, que incluye entrevistas a insignes malagueños como Victoria Kent, o que describen la Málaga de los años setenta con entrevistas a ciudadanos de a pie. Asimismo, contamos con el programa de RTVE *Málaga. Ayer y hoy de una ciudad*, que trata sobre Málaga y su historia, centrándose en epidemias, personajes ilustres, lugares importantes, etc.

En otro caso, el Archivo Municipal de Barcelona, que contiene un interesantísimo legado sonoro de la memoria de la Guerra Civil y de la inmigración andaluza, permite solo la consulta de las transcripciones de las grabaciones [13]. En cuanto a otras

---

[10] Solo en Andalucía existen más de mil archivos de entidades públicas (Cruces Blanco 2014). Sobre la normativa que regula el acceso a los archivos entre otros *vid.* López Gómez 2014.

[11] Cabría añadir que muchos archivos no permiten consultas por parte del público simplemente porque todavía no han logrado digitalizar sus documentos (López-de-Quintana-Sáenz 2014).

[12] Para un estado de la cuestión de los archivos específicamente radiofónicos *vid.* Díaz-Emparanza Almoguera 2012: 44-68.

[13] Las colecciones que son de interés serían fondos como los de Ronald Fraser (más de 270 entrevistas sobre la Guerra Civil entre 1973-1975), de Tomasa Gutiérrez (84 testimonios de mujeres mayoritariamente comunistas encarceladas durante la Dictadura realizadas entre 1975 y 1978), de Cristina Borderías

entidades como la biblioteca del Congreso de los Diputados, la Biblioteca Nacional o las bibliotecas de varios ministerios como el de Educación, los resultados de nuestras pesquisas apenas revelaron materiales sonoros procedentes o referidos a Málaga.

El siguiente paso fue consultar las organizaciones políticas del país [14]. Consultamos a los principales actores políticos de la época de la Dictadura y de la Transición (partidos, sindicatos, individuos), pero las respuestas fueron en su gran mayoría negativas. Las organizaciones regionales de UGT y CCOO fueron las únicas que aportaron documentos, cuya utilidad fue, no obstante, relativa, puesto que falta información biográfica de los participantes y encontramos una calidad deficiente de las grabaciones. Igualmente, de enorme interés ha sido la investigación llevada a cabo en el Archivo de la Memoria Histórica de Salamanca, que contiene un legado sonoro muy rico y variado con decenas de grabaciones originales anteriores a los años noventa y cuyas condiciones de acceso son idóneas incluso en tiempos tan difíciles como los acontecidos durante los peores momentos de la pandemia.

Mención aparte merecerían tres instituciones públicas que se mostraron muy abiertas a ayudarnos. En nuestro afán de ubicar documentos sonoros y siempre balanceando entre historia, etnografía y lingüística, localizamos el Seminario de Fuentes Orales, un grupo de trabajo fundado en 1981 por la profesora María Carmen García-Nieto París y cuyos fondos están ubicados en el Archivo General de la Universidad Complutense de Madrid (Díaz Sánchez y Gago González 2006). Actualmente está presidido por la profesora Pilar Díaz Sánchez y su objetivo es recuperar la memoria colectiva de la historia reciente del país, con un enfoque integrador y multifacético, ya que ha logrado reunir una enorme cantidad de testimonios sonoros que describen fenómenos como el éxodo rural hacia Madrid, la vida cotidiana y el trabajo en la época de la Dictadura y la Transición, tocando temas de la vida real narrados por sus propios protagonistas. Lamentablemente, la presencia de andaluces y, en concreto, malagueños, es bastante limitada, pero consideramos que, como archivo, salva la distancia entre historia y lingüística y podría ser útil a otros trabajos semejantes al nuestro [15].

(36 entrevistas realizadas en 1983 a mujeres antiguas trabajadoras de la Compañía Telefónica), de Anna Monjo Omedes (doce testimonios de militares anarquistas grabados en la década de los 80) y también los testimonios recogidos en el Taller de Historia de Pallejà a distintas generaciones de inmigrantes andaluces. Lamentablemente, el acceso a los documentos sonoros originales nos ha sido denegado, permitiéndonos solo consultar las transcripciones, hecho que pone de manifiesto el choque entre el carácter híbrido histórico-lingüístico de nuestra investigación frente a la especialización epistemológica y metodológica necesaria de muchos archivos.

[14]   *Vid.* Cruces Blanco 2018.

[15]   Agradecemos enormemente tanto a la profesora Pilar Díaz Sánchez como a las responsables del Archivo General de la Universidad Complutense de Madrid su amabilidad y disponibilidad absoluta a la hora de facilitar nuestra labor.

Otra institución pública que nos ha permitido avanzar en nuestro cometido ha sido la Diputación de Málaga, al facilitarnos el acceso a su archivo, que contiene grabaciones de las sesiones de los plenos entre los años 1986 al 1990 (unos 450 archivos). Se trata de un material ideal que podría servir como fuente de trabajos transversales a nivel provincial, regional y nacional, pese a no presentar las ponencias el carácter de inmediatez comunicativa y espontaneidad que anhelamos.

La otra institución local de la que hemos podido extraer archivos útiles para nuestro corpus ha sido el Archivo Municipal de Málaga, que proporciona acceso abierto y digital a numerosos registros periodísticos del siglo pasado. Hemos analizado y transliterado, por ahora, un total de 170 registros de cinco periódicos locales diferentes (*Acción, Amanecer, Boinas Rojas, Diario de Málaga* y *El Popular*), centrados en la situación de la mujer malagueña en el siglo xx. De todos ellos, destacan los siguientes (codificados y numerados como sigue): 20 (oferta de trabajo para mecanógrafa, la cual se prefiere huérfana o viuda de guerra), 21 (Suplemento de Divulgación y aclaraciones sobre el Plus de carga familiar, acerca de la consideración de la mujer si está casada o si trabaja), 27 (el periodista comenta la belleza de las mujeres a las que se fotografía), 28 (artículo sobre la mujer trabajadora), 38 (las mujeres no deben pagar para acudir a un partido de fútbol), 41 (anuncio publicitario exclusivamente dirigido a señoras), 45 (entrevista a Victoria Kent), 60 (artículo acerca de la situación actual de la mujer) y 68 (sufragio femenino). Esta sección del corpus se completa con una ficha de registro, en la que se han anotado todos los archivos encontrados y su transliteración, y con una carpeta con las capturas de pantalla de los fragmentos de texto analizados.

Para el final de esta sección hemos dejado la institución que aportó la mayor cantidad de documentos a nuestro corpus: el Centro de Estudios e Investigación Julián Sesmero Ruiz. Se trata de un archivo responsabilidad el Ayuntamiento de Alhaurín de la Torre en Málaga que recoge el legado documental de una de las figuras más representativas del periodismo malagueño de la segunda mitad del siglo xx, constituyendo una fuente indispensable para conocer la historia y el desarrollo de la ciudad desde una perspectiva integradora y humanista. Nuestro contacto con el Centro se realizó cuando ya casi se había concluido la primera versión del corpus (versión 0.92 de la base de datos) pero, a raíz de la buena disposición e interés de su coordinador, José Manuel de Molina Bautista, y de las autoridades municipales, se logró analizar más de 70 documentos audiovisuales de unas 25 horas de duración, de los cuales se extrajeron unas 7 horas de materiales de primerísimo nivel y calidad. La comparativa entre el antes (versión 0.92) y el después de nuestra colaboración con el Centro (versión 0.99) se ve claramente en la Figura 13.

Lo que nos demuestra esta Figura es que la contribución del Centro Sesmero fue extraordinaria en todos los niveles. Primero, aumentó en un 50 % la duración total de los archivos de audio, duplicando la cantidad de audio sin ruido ambiental apto para análisis acústico, lo que señala que la calidad temática, lingüística y técnica de los archivos es excelente. Segundo, aumentó en un minuto y medio la media de duración por intervención, algo que significa que los informantes provenientes del archivo del periodista hablan durante más tiempo, una calidad que nos permite llevar a cabo investigaciones lingüísticas y crear perfiles sociológicos más integrados para cada uno de ellos.

	ARQUEOLING 0.92	ARQUEOLING 0.99	variación
n.º informantes	194	220	↑ 26 (13 %)
mins/informante	0:04:35	0:05:58	↑ 0:01:23 (30 %)
duración audio	14:48:42	21:52:20	↑ 7:03:38 (47 %)
horas transcr. aprox.	118:29:36	174:58:40	↑ 56:29:04
estudio acústico	4:02:25	9:03:40	↑ 5:01:15 (125 %)
palabras aprox	155 400	229 700	↑ 74 300 (47 %)
mujeres/varones	1/8	1/8	— 1/8
promedio de edad	46	46	— 44

Figura 13. Tabla comparativa de datos pre- y post- inclusión de los datos del Centro Cultural Julián Sesmero

Finalmente, aumentó la cantidad de palabras en un 50 %, expandiendo considerablemente las frecuencias de aparición de palabras y sonidos y situando nuestro corpus en un puesto nada desdeñable en relación a otros corpus de la misma categoría. Las únicas métricas en las que esas contribuciones no tuvieron gran impacto fueron la proporción mujeres/hombres y el promedio de edad, algo no obstante más que esperable dadas las complicaciones y sesgos que por defecto presentan este tipo de corpus diacrónicos.

5.2. COLECCIONES PRIVADAS

En nuestra planificación inicial contábamos también con la posibilidad de poder acceder a los archivos sonoros de las emisoras de radio. A nivel local [16] contábamos con los grandes referentes de Radio Juventud, cuyos programas afloran en nuestro corpus de manera masiva, además por supuesto de las cadenas nacionales como Cadena Ser. Esta última, heredera de las primeras cadenas de radio en España [17],

---

[16]   Entre otras referencias *vid.* Gabilondo García del Barco 2015, Checa Godoy 2002.
[17]   Para un resumen de la evolución histórica de la radio en España desde la Restauración Borbónica hasta 1985 *vid.* Balsebre 2002.

Radio Barcelona y Unión Radio, y cuya fundación se remonta a 1924, dispone de un rico legado documental posiblemente igualable al de las instituciones y archivos públicos y nos ha facilitado numerosos documentos sonoros de temática y formatos variados [18]. Gracias a ellos hemos trabajado con grabaciones en vivo que recogen la angustia de los malagueños ante situaciones tan difíciles como el asesinato de José María Martín Carpena o las inundaciones sufridas por nuestra ciudad en 1989, programas de actualidad política que dejan trascender problemas sociales, de empleo y hasta de configuración del territorio que han moldeado y siguen moldeando en gran parte nuestra vida actual, y programas de entrevistas con personajes insignes que daban sentido a una época a través de sus obras como Manuel Alcántara o Manuel Blasco de Alarcón. Desafortunadamente, otras grandes cadenas de radio apenas respondieron a nuestras peticiones, entendemos a causa también de la pandemia y de las dificultades objetivas a la hora de acceder a sitios tan frágiles y de condiciones tan especiales como los archivos.

Por otra parte, otra gran fuente de materiales fueron las cofradías de Semana Santa de nuestra ciudad. A la Hermandad de la Esperanza y a Carlos Ismael Álvarez Cazenave les debemos otra de las joyas de nuestra colección: las grabaciones de una charla entre miembros de la Hermandad donde se analizan los sucesos de mayo de 1931 y, en concreto, la salvaguarda de la imagen de la Virgen de la Esperanza. Se trata de un documento inédito y de una riqueza lingüístico-histórica asombrosa que, incluso de manera independiente y autónoma del resto de materiales, puede servir de base para investigaciones de gran interés.

5.3. Cesiones particulares

Más allá del mundo institucional y empresarial, supimos que la propia ciudadanía de Málaga, la verdadera protagonista de nuestro cometido y autora inconsciente de la historia que a través de nuestro trabajo estamos contando, podría ser la que nos aportara los materiales más valiosos. Nuestro objetivo fue intentar comunicarnos con la ciudadanía que dispusiera de antiguas grabaciones almacenadas en casetes o cintas VHS y Super-8 a través de una pequeña campaña mediática o mediante contactos personales, cumpliendo siempre los protocolos deontológicos que rigen nuestra investigación sobre protección de datos, confidencialidad, conservación y tratamiento de los materiales. El mero hecho de poder acceder a estos momentos íntimos y ser depositarios de la confianza de sus autores constituyó siempre una fuente de orgullo y un recordatorio de la sempiterna deuda que los investigadores tenemos

---

[18] Más de 20.000 cintas fueron digitalizadas en un enorme proceso de recuperación del patrimonio radiofónico nacional por parte del Departamento de Documentación de la cadena entre 2009 y 2014 (*vid.* Afuera Heredero 2016).

con la sociedad, razón y objetivo absoluto e irrenunciable de cualquier investigación científica. A partir de las aportaciones de los habitantes de nuestra ciudad, hemos enriquecido nuestro corpus con documentos de altísimo valor histórico, etnográfico y lingüístico, ya que todos presentan situaciones de inmediatez comunicativa, donde la proximidad del autor del vídeo o audio con los protagonistas del documento hace superar cualquier miedo escénico y sortear la paradoja del observador.

Tal es el caso de la grabación de una boda del año 1964, donde desfilan más de veinte miembros del círculo familiar y amistoso de los novios y que, a través de sus risas, comentarios y ocurrencias en un momento tan estelar para la vida, inconscientemente describen una época y la dejan grabada para la posteridad. Otra gran aportación la encontramos en varias grabaciones del ámbito familiar del profesor Juan Pablo Arias en cintas de 8 mm, que presentan situaciones genuinas de interacción espontánea en diferentes eventos sociales como fiestas escolares, documentos semejantes a los aportados por Eugenia Torres García, hija del director Federico Torres.

De forma paralela, hemos tenido la fortuna de recibir materiales provenientes de varios artistas de origen malagueño o cuya trayectoria artística tuvo a Málaga como enfoque. Es el caso del director de cine Carlos Taillefer de Haya, quien nos cedió documentales como *Por la gracia de Dios* estrenado en el Festival de cine de autor de Benalmádena de 1978, que disecciona la Semana Santa malagueña desde una postura crítica pero respetuosa, ofreciéndonos al mismo tiempo una radiografía excepcional de la sociedad malagueña ante los avatares históricos a los que se enfrentaba y los choques entre las nuevas corrientes de pensamiento con una manera de entender el mundo más tradicional, además de una reflexión sobre el valor de lo genuinamente popular en un mundo que empezaba a ser invadido por la turistificación y la comercialización. En contraposición a la postura cinematográfica de dicho director, también hemos trabajado con el documental de «Quino» Fernández Doblas *Labor de Silencio* y con otro tipo de producciones como el documental *Un camino a la Esperanza* de Federico Torres sobre la drogadicción.

Procedencia de las grabaciones (duración total= 21:52:20)

TVE, 14%

Canal Sur, 10%

directores, 4%

cadenas radiofónicas
60%

particulares, 9%

UGT, 3%

Figura 14

5.4. Archivos de diversa procedencia

Además de lo expuesto hasta ahora, el corpus de este proyecto cuenta con un elevado número de archivos de diversa procedencia y tipología, como expondremos a continuación. Exceptuando los periódicos mencionados anteriormente procedentes del Archivo Histórico de Málaga, todos los archivos son de carácter sonoro.

En primer lugar, contamos con archivos de carácter tradicional, como dos audios con la explicación de cómo hacer cestas por un hombre del oficio, Antonio «el divino», de Álora. También de otros pueblos de la provincia, el corpus incluye registros de la Fonoteca de Archidona: dos pregones, un programa de radio y la inauguración de la casa de una hermandad. Datan de los años 1984, 1986 y 1988. Asimismo, encontramos registros de la capital de carácter diverso, como los que integra la carpeta «El Bazar del Cineísta», que incluye un audio de 1968 perteneciente al Festival Internacional de la Canción «Costa del Sol» y otro del programa *Camino a la esperanza*, en el que participan los oyentes relatando sus problemas en un ambiente planificado de antemano como una disertación.

En segundo lugar, debemos señalar la relevancia de algunos archivos recuperados de un disco duro durante el transcurso del curso académico 2022-2023. Entre estos, recogemos programas radiofónicos como *55 para el 92* (en el que se sintonizan canciones de países hispanoamericanos), *Cita en el sur* (emitido por Radio Nacional como un programa de tertulia y de sobremesa sobre hechos relevantes para la comunidad autónoma andaluza), *A través de la trama* (programas de tertulia y debate centrados en distintos personajes), *Por un millón de oyentes* y *Pueblo a pueblo* (ambos dedicados a distintos municipios de la provincia de Málaga, como Torre del Mar, Mijas, Ronda o Torremolinos, o zonas de Andalucía como la Vega de Granada o Cortes de la Frontera.

En tercer lugar, señalamos los archivos contenidos en la carpeta «Va por Málaga», que incluye archivos de distinta temática: sucesos, entrevistas, tertulias, el pregón de la feria o espectáculos inaugurados en el Teatro Cervantes. Estos programas cubren, a su vez, noticias relacionadas con la ciudad, como la desaparición de David Guerrero Guevara («el niño pintor»), la inauguración del Parque Tecnológico o la violencia arbitral con el futbolista de Fuengirola Juan Gómez «Juanito».

Asimismo, podemos encontrar más de un centenar de archivos musicales, como los incluidos en las carpetas «Copla» y «Flamenco», que presentan entrevistas a artistas, canciones, retransmisiones de espectáculos de flamenco… Especialmente interesante resulta el audio (FL. VOCABULARIO), que incluye términos de este tipo de música. Por su parte, debemos mencionar que en este disco duro encontramos, casualmente, un audio que retransmite la inauguración del curso de Estudios Hispánicos de la Universidad de Málaga (ENE 15.7-6_160342_2015-01-07T13-22-11.000.1005).

A su vez, hemos encontrado audios centrados en personajes célebres relacionados con el mundo de la cultura, entre los que sobresalen los nombres de Victoria Kent, Antonio Gala, Rafael Alberti y Pablo Picasso. De igual forma, contamos con tres audios de carácter literario muy interesantes, referidos a Jorge Guillén y a Vicente Aleixandre.

Por su lado, cabe destacar la existencia de algunos archivos que no se agrupan en ninguna categoría, como un reportaje sobre la calle Larios del año 1988 en el que intervienen personajes malagueños como el vaciador Manuel Ocón, el quiosquero Arturo, el lotero Francisco Ayala y el limpiabotas José Fernández, o personajes no menos ilustres como el abogado Rafael Pérez Estrada o el poeta Alfonso Canales. Entre estos audios sueltos destacan, a su vez, un archivo que promociona la feria de Málaga de 1991, en el que interviene el alcalde de la ciudad, y un registro en el que una lotera malagueña, Mariquilla, describe a los personajes célebres con los que se ha encontrado mientras ejercía su oficio.

Por último, conviene mencionar que actualmente se están transliterando los audios más relevantes con los que cuenta el corpus del proyecto. Así, recogemos todas las transcripciones en la carpeta «Transliteraciones», que incluye parcialmente los textos referidos a *Por la gracia de Dios*, los proporcionados por el centro Julián Sesmero, los audios de la Diputación, la grabación familiar de la boda, el reportaje sobre las inundaciones y los donados por la Hermandad de la esperanza.

6

CONCLUSIONES

6.1. Arqueología lingüística

El presente y el pasado están en permanente interacción. Explicar el presente a partir de los datos del pasado —esto es, la perspectiva cronológica— esconde en su razonable explicitud la verdadera aclaración del pasado desde el presente —a saber, la configuración retrospectiva. La historia de la lengua y de la sociedad reconstruye un proceso hacia una meta; se escribe y se concibe en función de un punto de llegada. *La anatomía del hombre es la clave para la anatomía del mono*:

> [...] los indicios de las formas superiores en las especies animales inferiores pueden ser comprendidos solo cuando se conoce la forma superior. La economía burguesa suministra así la clave de la economía antigua (Marx 1857-1858: 26).

La contribución de la arqueología lingüística a la reconstrucción del pasado debe entenderse así. El hallazgo de las cadenas de hechos y el establecimiento de relaciones entre ellos desde el presente alumbran y hacen comprensible los períodos previos que nos dicen quiénes somos y por qué. El enigma que es el presente encuentra así un punto de escape y una posibilidad de comprensión.

La estratificación contemporánea de la comunidad de habla se agudiza y la configuración diaglósica adquiere estabilidad (*vid.* Villena, Vida y Molina 2021). La trayectoria y las variadas líneas de evolución han de seguirse en la documentación a la que tenemos acceso. La creciente masa de documentos sonoros de la segunda mitad del siglo xx —además de los escritos de proximidad oral cuya revisión y estudio completará las conclusiones obtenidas— nos acerca de modo realista a la imagen sociolingüística de la sociedad. Debemos comprobar si los movimientos centrípetos que separan hoy las variedades urbanas de las clases medias y de las élites, por un lado, y las variedades rurales y de clase trabajadora y baja, por otro, existían ya desde los años cincuenta del siglo pasado o si, como se ha destacado en numerosas ocasiones, hay que relacionar los movimientos de convergencia en el sentido del estándar nacional y del modelo madrileño con la corriente de modernidad, urbanismo y transformación socioeconómica de los sesenta y setenta, hasta la actualidad.

La adopción de rasgos de pronunciación del estándar nacional (como la distinción de las consonantes /s/ y /θ/), el abandono progresivo de los rasgos característicos del acento andaluz y la aproximación a la morfología, el léxico y la sintaxis a los de la variedad más prestigiosa, ¿cómo deben entenderse?, ¿qué nos pueden enseñar los textos orales recopilados, que muestran hablantes de muy diverso origen social, edad, antecedentes; cumpliendo propósitos de comunicación bien diversos y, por tanto, en situaciones discursivas bien distintas: ámbitos profesionales en la radio o en la televisión, interacciones lúdicas; declaraciones en la calle durante una procesión, en la boda de un pariente, en una conferencia, en la apertura de las fiestas patronales; discursos durante el pregón, en el seno de la agrupación de cofradías; en suma acontecimientos de habla en lugares en los que se refleja la vida social e informal de nuestros conciudadanos del pasado más reciente?

Los datos identificados, clasificados, transcritos, etiquetados, anonimizados y listos para la observación y el estudio hablan por sí mismos (nunca esta expresión tuvo más sentido). Nos dicen si es cierto y cómo se ha producido un cambio general en la configuración de variedades y si podemos estar de acuerdo con ideas previas —algunas sostenidas con enérgico convencimiento por algunos— sobre la homogeneidad del uso lingüístico en Andalucía y, por ende, en Málaga (Salvador 1967 [1963]: 64). ¿Existió realmente hasta la etapa de inicio de la modernidad urbana contemporánea y la convergencia/nivelación una era dialectal semejante a un *locus amoenus* sociolingüístico, en el que todos los miembros de la comunidad serían lingüísticamente iguales y solo el progreso lo habría mancillado introduciendo cambios en las variedades de las capas sociales más altas?

6.2. El carácter bajo la lengua

Los documentos cedidos por instituciones y particulares sirven de punto de partida para penetrar en las causas y resolver los enigmas. Hasta el momento actual destacamos cuatro campos de interés que acercan la vida social de la ciudad del pasado a los ciudadanos del presente. En primer lugar, el paisaje urbano físico —los barrios urbanos— y el paisaje humano —los tipos, los personajes y las gentes— (Apéndice 3. Sesmero y la documentación de la ciudad). En segundo lugar, la transformación urbana y social tras la recuperación del desastre de la guerra civil y el inicio de la inmigración rural que ha modificado radicalmente la estructura y la vida formal e informal de la ciudad (Apéndice 4. La gran transformación urbana. Urbanismo y nostalgia). En tercer lugar, la persistencia de la desigualdad y la miseria, profundamente anclada en la historia de Málaga (Apéndice 5. La desigualdad y la miseria en la modernidad). Por último, en cuarto lugar, las fotografías dinámicas de los caracteres humanos que suponen los documentos audiovisuales de los que disponemos (Apéndice 6. Imágenes sonoras).

i) El paisaje urbano físico y humano es irrecuperable sin el efecto de *camera obscura* que la ideología impone a la mirada retrospectiva histórica. El archivo Sesmero es un ejemplo esencial de cómo afrontar la documentación del significado social de una ciudad que, como Málaga, se construye en sedimentos históricos y cuyas áreas locales guardan su identidad —barrios gremiales, barrios de residencia industrial, zonas señoriales, eclesiásticas, expansiones— y la reflejan en algunas de sus costumbres, solidaridad local o desconexión con el resto (*vid.* Villena 1994). La geografía perceptual de la ciudad se capta en la documentación y contrasta con la que hoy existe (Chariatte 2015). La historia de los cambios en la percepción de cómo es la ciudad, cómo son sus barrios y cómo deberían ser es un capítulo apasionante que debería ser estudiado en un futuro no muy lejano.

ii) La transformación de la ciudad desde los años cincuenta del siglo pasado ya ha sido comentada y es bien conocida. La documentación permite seguir el proceso de crecimiento, enriquecimiento y apertura al exterior. Una comunidad urbana basada en la vida local interna de los barrios —barriadas, corralones, zonas acomodadas— se mueve hacia el aumento progresivo de los contactos externos y de la institucionalización de la vida individual de los ciudadanos. Estos van perdiendo la fe en los contactos informales y considerando la importancia de las instituciones. Solo los *campesinos que viven en la ciudad* —es decir, los inmigrantes rurales obligados a la vida urbana, pero anclados aún en su vida anterior en el pueblo de origen— siguen fieles a sus antecedentes y a sus patrones de conducta.

iii) La ciudad —como muchas otras— está dividida por el río, que ha marcado desde los orígenes dos realidades urbanas. El Guadalmedina es la frontera interna de Málaga y los malagueños lo han sabido siempre y lo saben hoy. La desigualdad social es también una desigualdad perceptiva y lingüística. El enigma de su origen más perdido en el tiempo es un elemento que la documentación audiovisual puede ayudarnos a clarificar, al menos en sus etapas más recientes. Los desastres naturales —en especial, en Málaga, las inundaciones, otro efecto histórico del peso del caudal del río de tiempo en tiempo— producen todo un género discursivo que hace aflorar la capacidad narrativa de los ciudadanos.

iv) Los tipos humanos constituyen el elemento transversal que relaciona todos los ámbitos conceptuales, experienciales y sentimentales. La recuperación de tipos ya inexistentes a través de sus manifestaciones directas o mediante narraciones o descripciones indirectas es un factor de relevancia primordial en nuestra investigación de las raíces de la contemporaneidad urbana.

6.3. ETNOGRAFÍA LINGÜÍSTICA

La forma de organizar el discurso oral (narraciones, descripciones, exposiciones argumentativas, etc.) y de estructurar las interacciones constituye un aspecto del lenguaje que va mucho más allá de los rasgos habitualmente destacados y analizados por los investigadores. Los patrones de aproximación a los temas, de atenuación; los marcadores discursivos, las estructuras pluriverbales, etc. ayudan a determinar los límites y caracteres de las variedades a disposición de los hablantes. Estos códigos subyacentes de normas de uso lingüístico unen y diferencian, al tiempo, a los hablantes según sus antecedentes, su clase social, su género, ideología, edad y expectativas de movilidad.

No existe mejor modo de recuperar y reconstruir los códigos comunicativos que el estudio sistemático de corpus de datos reales. El tributo que debemos a los ciudadanos por todo lo que nos han ofrecido a lo largo de varias décadas de investigación del habla de Málaga, mediante sus aportaciones generosas de datos lingüísticos —sus conversaciones con nosotros; sus respuestas a nuestros cuestionarios—, merece ahora una recompensa simbólica materializada en el mejor conocimiento del pasado más reciente y de algunas respuestas a por qué son ellos como son hoy.

7

BIBLIOGRAFÍA

AFUERA HEREDERO, Ángeles, *Recuperando nuestra memoria sonora: la digitalización de los archivos históricos de la SER*. IX Jornadas archivando: usuarios, retos y oportunidades: León, 10 y 11 de noviembre de 2016: Actas de las jornadas coord. por Javier González Cachafeiro, 2016, pp. *121-132*.

AMORÓS NEGRE, Carla, *Las lenguas en la sociedad*, Madrid, Síntesis, 2014.

AUER, Peter, «Réfléxions et études préparatoires pour une linguistique reconstructive de la variation», en Pierre Cadiot y Norbert Dittmar (eds.), *La sociolinguistique en pays de langue allemande*, Lille, Presses Univ. de Lille, 1989, pp. 163-190.

— «Europe's Sociolinguistic unity, or: A typology of European dialect / standard constellations», en Delbecque, Nicole *et al.* (eds.), *Perspectives on variation. Sociolinguistic, historical, comparative*, Berlín y Nueva York, de Gruyter, 2005, pp. 7-42.

BALSEBRE, Armand, *Historia de la radio en España (1874-1985)*, Madrid, Cátedra, 2002.

BELLMANN, Günter, 1998. «Between base dialect and standard language», en Peter Auer (ed.), *Dialect levelling and the standard varieties in Europe. Folia Linguistica*, 32, 1-2 (1998), pp. 23-34.

BIBER, Douglas, *Variation Across Speech and Writing*, Cambridge, CUP, 1988.

BLANCO CANALES, Ana, *Estudio sociolingüístico de Alcalá de Henares*. Universidad de Alcalá de Henares, 2004.

BRITAIN, David *et al.* (eds.), *Dialect Death in Europe? International Journal of the Sociology of Language*, 2009, pp. 196-197.

BRUGMAN, Hennie y RUSSEL, Alberto, *Annotating Multimedia/ Multi-modal resources with ELAN*. Proceedings of LREC 2004, Fourth International Conference on Language Resources and Evaluation, 2004.

BUGARSKI, Ranko, *Jezik i identitet*, Beograd: Biblioteka XX vek, 2010.

BUSTOS TOVAR, José J., *De la oralidad a la escritura*. El español coloquial: actas del I Simposio sobre análisis del discurso oral: Almería, 23-25 de noviembre de 1994, 10-28.

CARAVEDO, Rocío, «La escritura de la oralidad», *Lexis*, XX, 1-2 (1996), pp. 221-235.

CESTERO MANCERA, Ana M. *et al.*, *Patrones sociolingüísticos de Madrid*, Berna: Peter Lang, 2015.

CHECA GODOY, Antonio, *Historia de la radio en Andalucía*, Sevilla: Fundación Unicaja, 2002.

COUPLAND, Nikolas, «Labov, vernacularity and sociolinguistic change», *Journal of Sociolinguistics*, 20 (2016), pp. 409-430.

CRUCES BLANCO, Esther, «No se asumen riesgos: El afán destructor de los partidos políticos en España», *Archivamos: Boletín ACAL*, 107 (2018), pp. 16-19.

— «Andalucía: una larga historia, una gran riqueza documental y un complejo sistema de archivos», *París: Comma*, Vol. 1-2 (2015), pp. 113-119.

DÍAZ SÁNCHEZ, Pilar y GAGO GONZÁLEZ, José M., «La construcción y utilización de las fuentes orales para el estudio de la represión franquista», *Hispania Nova. Revista de Historia Contemporánea*, 6 (2006).

Díaz-Emparanza Almoguera, Miguel, *La digitalización de los soportes sonoros en archivos de radio. Adaptación de las normativas internacionales a la recuperación de Patrimonio cultural de carácter local.* Tesis doctoral no publicada dirigida por Enrique Cámara de Landa. Universidad de Valladolid, Departamento de Didáctica de la Expresión Musical, Plástica y Corporal, 2012.

Dittmar, Norbert, *Sociolinguistics. A critical survey of theory and application*, Londres: Arnold, 1973

Edwards, Jane A, *Design principles in the transcription of the spoken discourse.* Contribución de la Universidad de California, Proyecto NERC, WP4-164, 1992.

Foley, John M., *Oral Tradition and the Internet: Pathways of the Mind.* Chicago: University of Illinois Press, 2012.

Gabilondo García del Barco, M. Victoria, *Emisoras municipales en Andalucía. Proximidad y rentabilidad social (1979-2014).* Tesis doctoral no publicada dirigida por Demetrio Brisset Martin y Manuel Chaparro Escudero. Universidad de Málaga. Departamento de Comunicación Audiovisual y Publicidad, 2015.

Ghyselen, Anne S. *et al.*, «Clearing the Transcription Hurdle in Dialect Corpus Building: The Corpus of Southern Dutch Dialects as Case Study», *Frontiers in artificial intelligence*, 3 (2020).

Gómez Molina, J. Ramón (coord.), *El español de Valencia. Estudio sociolingüístico*, Berna, Peter Lang, 2013.

Gregory, Michael y Carroll, Susanne, *Language and Situation. Language Varieties and their Social Contexts*, Londres, Henley y Boston, John Spencer, 1978.

Gumperz, John J, *Discourse strategies. Studies in interactional sociolinguistics*, Nueva York, CUP, 1982.

Halliday, Michael A. K, *Language as Social Semiotics. The Social Interpretation of Language and Meaning*, Londres, E. Arnold, 1978.

Hernández Campoy, Juan M. y Villena Ponsoda, Juan A., «Standardness and Non-Standardness in Spain: Dialect attrition and revitalization of regional dialects of Spanish», *International Journal of the Sociology of Language (IJSL)*, 196-197 (2009), pp. 181-214.

Hidalgo-Goyanes, Paloma, «Prevenir la amnesia colectiva: el acceso público a los archivos de televisión», *Documentación de las ciencias de la información*, 36 (2013), pp. 143-166.

Hymes, Dell, «On communicative competence», en J. B. Pride y Janet Holmes (eds.), *Sociolinguistics. Selected Readings*, Harmondsworth: Penguin, 1971, pp. 269-293.

— «The scope of sociolinguistics», en Roger W. Shuy (ed.), *Sociolinguistics. Current trends and prospects*, MSLL, 25, Washington: Georgetown U.P., 1973, pp. 313-333.

Jakobson, Roman, *Main trends in the science of language*, Londres: Allen y Unwin, 1973.

Kubczak, Hartmut, *Was ist ein Soziolekt? Überlegungen zur Symptomfunktion sprachlicher Zeichen unter besonderer Berücksichtigung der diastratischen Dimension*, Heidelberg: Carl Winter Universitätsverlag, 1979.

Le Page, Robert B., «Projection, focusing and diffusion», *York Papers in Linguistics*, 9 (1978), pp. 9-31.

Le Page, Robert B. y Tabouret-Keller, Andrée, *Acts of identity. Creole-bases approaches to language and ethnicity*, Cambridge, CUP, 1985.

Lévi-Strauss, Claude L., *Antropología estructural*, Buenos Aires, Eudeba, 1958

Llisterri, Joaquim, *Preliminary Recommendations on Spoken Texts*, EAGLES Document EAG-TCWG-STP/P, 1996.

— «Transcripción, etiquetado y codificación de corpus orales», en Xavier Gómez Guinovart *et al.* (eds.), *Panorama de la investigación en lingüística informática, RESLA*, volumen monográfico, 1999, pp. 53-82.

López Gómez, Pedro, «El acceso a los archivos y la desclasificación de los documentos», *Boletín ANABAD. LXIV*, 3 (2014).

López de Quintana-Sáenz, Eugenio, «Rasgos y trayectorias de la documentación audiovisual: logros, retos y quimeras», *Profesional de la información*, 23(1) (2014), pp. 05-012.

Martín Butragueño, Pedro, *Variación lingüística y teoría fonológica*, México, El Colegio de México, 2002.

McEntegart, Damian y Le Page, Robert B., «An appraisal of the statistical techniques used in the Sociolinguistic Survey of Multilingual Communities», en Suzanne Romaine (ed.), *Sociolinguistic variation in speech communities*, Londres, Arnold, 1982, pp. 105-124.

Molina Martos, Isabel, «The sociolinguistics of Castilian dialects», *International Journal of the Sociology of Language*, 193-194 (2008), pp. 57-78.

Moreno Fernández, Francisco, «Corpus para el estudio del español en su variación geográfica y social. El corpus *PRESEEA*», *Oralia*, 8 (2005), pp. 123-139.

Prieto, Laura, «El archivo sonoro de Radio Nacional de España: interés histórico y valor documental», *Boletín DM*, año 13 (2009), pp. 28-35.

Rona, José Pedro, «La concepción estructural de la sociolingüística», en Yolanda Lastra de Suárez y Paul L. Garvin (eds.), *Lecturas de sociolingüística*, México, UNAM, 1974, pp. 4203-217.

Salvador, Gregorio, «La fonética andaluza y su propagación social y geográfica (1963–1964)», en Gregorio Salvador (ed.), *Estudios dialectológicos*, Madrid, Paraninfo, 1964, pp. 61-70.

Samper Padilla, José A., «Socialphonologycal Variation and Change in Spain», en Manuel Díaz-Campos (ed.), *The Handbook of Hispanic Sociolinguistics*, Oxford, Willey-Blackwell, 2011, pp. 98-120.

— «La Sociolingüística en España», *Español Actual*, 98/2 (2013), pp. 39-69.

Smith, Anthony D., *National Identity*, Harmondsworth, Peguin, 1991.

Sperberg-McQueen, C. M. y Lou Burnard (eds.), «11. Transcription of speech», in *TEI P4: Guidelines for Electronic Text Encoding and Interchange*. Text Encoding Initiative Consortium. XML Version: Oxford, Providence, Charlottesville, Bergen, 2002.

Stehl, Thomas, *Les concepts de continuum et de gradatum dans la linguistique variationnelle*, Actas del XVIII CILFR, Univ. de Trier, 1986, vol. V, Linguistique pragmatique et sociolinguistique, Tubinga, Niemeyer, pp. 28-40.

Tabouret-Keller, Andrée, «Language and Identity», en Florian Coulmas (ed.), *The Handbook of Sociolinguistics*, Londres, Blackwell, 1997, pp. 315-326.

Tagliamonte, Sali A., *Variationist Sociolinguistics. Change, Observation, Interpretation*, Oxford, Wiley-Blackwell, 2012.

Villena Ponsoda, Juan A., *Fundamentos del pensamiento social sobre el lenguaje. Constitución y crítica de la sociolingüística*, Málaga, Ágora, 1992.

Villena Ponsoda, Juan A., «Sociolinguistic Patterns of Andalusian Spanish», *International Journal of the Sociology of Language* (IJSL), 193-194 (2008), pp. 139-160.

Villena Ponsoda, Juan A. y Ávila Muñoz, Antonio M. (eds.), *Estudios sobre el español de Málaga. Pronunciación, léxico, sintaxis*, Málaga, Sarriá, 2012.

— «Dialect stability and divergence in southern Spain. Social and personal motivations», en Kurt Braunmüller *et al.* (eds.), *Stability and divergence in language contact. Factors and mechanisms*, Ámsterdam, John Benjamins, 2014, pp. 207-238.

Villena Ponsoda, Juan A.; Ávila Muñoz, Antonio M. y von Essen, M.ª Clara, *Procesos de convergencia. Estudio léxico*, XI Congreso de Lingüística General, Pamplona, 2014.

Villena Ponsoda, Juan A.; Vida Castro, Matilde y Molina García, Álvaro, «Coherence in a levelled variety. The case of Andalusian», en Karen V. Beaman y Gregory Guy (eds.), *The Coherence of Linguistic Communities: Orderly Heterogeneity and Social Meaning*, New York, Routledge, 2021.

Villena Ponsoda, Juan A.; Ávila Muñoz, Antonio M.; Vida Castro, Matilde y von Essen, M.ª Clara, *Between local and standard varieties: Horizontal and vertical convergence and divergence of dialects in Southern Spain*, 9th Internacional Conference on Language Variation in Europe, Leipzig, 2015.

Villena Ponsoda, Juan A. y Moya Corral, Juan A., «Corpus para el estudio de las hablas andaluzas II. Los corpus de Málaga, Granada y Jaén», *Oralia*, 8 (2005), pp. 189-213.

Waluch de la Torre, Edyta y Juan A. Moya Corral, *Español hablado. Estudios sobre el corpus PRESEEA-GRANADA*, Varsovia, Universidad, 2012.

Weber, Max. *Economy and Society-an Outline of Interpretative Sociology, Vol. 2*, Berkeley y Los Angeles, University of California Press, 1978.

Recursos electrónicos

Moreno Fernández, Francisco, *Metodología del «Proyecto para el estudio sociolingüístico del español de España y América» (PRESEEA)* [en línea] versión revisada en octubre de 2003 <http://www.linguas.net/PRESEEA/contenido/metodologia2.asp> [consulta 23/06/2007].

1
EJEMPLO DE TRANSLITERACIÓN CON ETIQUETAS

EJEMPLO 18

Hombre de 45 años, instrucción superior, pintor	Hombre de 53 años, instrucción superior, periodista

<fichero = Entrevista de Julián Sesmero a Pepe Bornoy = 87_BOR>
<audio WAV 01> <estereofónica>
<duración = 12' 31">
<idioma = español>
<texto = oral>
<corpus = ARQUEOLING>
<fecha de grabación = 1987>
<ciudad = Málaga>
<transcripción = Yorgos Sionakidis>
<fecha de transcripción = 2021>
<revisión 1 = Antonio Ávila, 2021>
<revisión 2 = Juan Andrés Villena, 2021>
<Microsoft® Windows® 10®. Microsoft® Word® 365>
<código informante 1 = MA-205H23>
<nombre informante 1 = Pepe Bornoy = P>
<código informante 2 = MA-197M23>
<nombre informante 2 = Julián Sesmero = S>
<P = 45 años, hombre, instrucción superior, pintor>
<J = 53 años, hombre, instrucción superior, periodista>
<origen = P, J = Málaga>
<roles = P, J = amigos>
<lugar de grabación = Málaga>
<interacción = entrevista radiofónica>
<tipo = diálogo> <campo = no técnico> <tenor = estatus = 0, edad = 0, proximidad = 0>
<planificación = entrevista>

<texto>

J: Si *<nombre propio>* Málaga *</nombre propio>* no ayuda a su<[s]> creativo<[s]> a su<[s]> pintore<[s]> a sus artistas en general / ¿cuál es el triste destino del artista malagueño?

P: Pue<(:)>s yo no sé cuál es el triste destino del artista malagueño / yo veo que no hay *<corrección>* esto me parece que lo he comentado incluso contigo más de una vez / que *<nombre propio>* Málaga *</nombre propio>* es la única ciudad / de *<nombre propio>* Europa *</nombre propio>* / y por ende de casi medio mundo / que con más de seisciento<[s]> mil habitante<[s]> no tiene ni un certamen ni una beca anual / ni una<(:)> bienal nada donde el artista pueda acudir / es más lo único que tenía era lo<[s]> cartele<[s]> de Semana Santa y lo<[s]> cartele<[s]> de la Feria y ya ves qué ha sido de ellos o sea *<énfasis>* nada / absolutamente nada no hay nada *</énfasis>* donde el pintor pueda acudir y decir *<estilo directo>* bueno me voy a presentar a esto o bueno pues me voy a recurrir a esto *</estilo directo>* *<énfasis>* nada *</énfasis>* / absolutamente nada.

J: Hubo una frase que tú dijiste hace algunos años *<estilo indirecto>* que *<nombre propio>* Málaga *</nombre propio>* no era madrastra para los pintores era *<énfasis>* madrastrona *</énfasis>* para los artistas *</estilo indirecto>* / ¿sigues opinando lo mismo?

P: Te digo sigo opinando lo mismo me reitero que *<nombre propio>* Málaga *</nombre propio>* es la ciuda<[d]> de la cochambre y el fasto / y madrastrona para los artista<[s]> / y será siempre porque es una ciudad que vive de espalda<[s]> a la cultura de espalda<[s]> a todo lo que sea creación y de espalda<[s]> *<ruido = teléfono>* a todo lo que sea inquietud / no hay más que<(:)> darse una vuelta por *<vacilación>* por la<[s]> librería<[s]> darse una vuelta por la<(:)><[s]> sala<[s]> de exposicione<[s]> y se da uno cuenta de que aquí no viene *<corrección>* no hay grandes exposicione<[s]> / no hay grande<[s]> lectura<[s]> no hay grande<[s]> conferencia<[s]> / no hay nada.

J: De todas maneras *<nombre propio>* Málaga *</nombre propio>* *<corrección>* a pesar de estos problemas que estamos hablando de esta falta de promoción y ayuda para sus artistas *<nombre propio>* Málaga *</nombre propio>* cada vez tiene más gente que hace poesía / que hace escultura / que hace diseño / que hace pintura / que hace teatro / que escribe / *<nombre propio>* Málaga *</nombre propio>* es una ciudad que tiene un cierto nivel de desarrollo intelectual / ¿qué pasa?

P: Eso es el desfase de siempre *<nombre propio>* Málaga *</nombre propio>* es una ciudad produce *<corrección>* no produce científicos / que no produce deportistas no produce grandes *<vacilación>* *<énfasis>* grandes personajes de la vida *<vacilación>* sesuda *</énfasis>* pero sí grandes artistas grandes creadore<[s]> / ¿por qué? pues *<tipo = explicativo>* porque la *<corrección>* el clima es bueno porque la gente está en la calle y porque la imaginación es mucha *</tipo = explicativo>* / ahí está el desfase artista<[s]> creadore<[s]> pueblo y artistas y autoridade<[s]> o artista<[s]> o gente que puedan promocionar eso<[s]> movimiento<[s]> que tú has apuntado y que es verdad que existen / pero que viven no sé de qué / seguramente trabajan en banco<[s]> o trabajan de *<vacilación>* hacen otra cosa ¿no? / porque vivir ahora mismo de la literatura o del arte en *<nombre propio>* Málaga *</nombre propio>* es prácticamente imposible solamente viven dos o tres que hacen un tipo de arte muy comercial o muy para venderlo a<(:)> veintiocho pesetas y ya está.

J: Has dicho <*metalingüístico*> pueblo </*metalingüístico*> // ¿existe un divorcio entre el pueblo y los creativos / de la misma manera que existe un divorcio entre los creativos y el <*extranjero*> establishment </*extranjero*>?

P: Sí / claro que existe / pero tú vete a contarle a una maría de<(:)> <*vacilación*> <*corrección*> de ahí del barrio de <*vacilación*> del barrio de la <*nombre propio*> Trinidad </*nombre propio*> o del <*nombre propio*> Perche<[l]> </*nombre propio*> lo que está haciendo <*nombre propio*> Paco Peinado </*nombre propio*> si <*vacilación*> lo entiende y <*nombre propio*> Paco Peinado </*nombre propio*> es conocido / está en la<[s]> grande<[s]> enciclopedia<[s]> del mundo o vete a contarle lo que hace cualquier músico de preocupación no se entera / ¿por qué no se entera? pues porque no hay <*corrección*> porque <*vacilación*> porque<(:)> <*corrección*> porque no hay prensa no hay radio no hay televisión que fomente eso <*corrección*> esa inquietud y esa<(:)> preocupación / el pueblo va por un la<[d]>o / los creadore<[s]> van por otro l<[as]> autoridade<[s]> van por otro y no se encuentran nunca / en Semana Santa a lo mejor por la calle se encuentran diciéndole vivas a la virgen y ya está.

J: Si tu fuera<(:)><[s]> consejero de cultura de la <*nombre propio*> Junta de Andalucía </*nombre propio*> ¿por dónde empezabas el <*simultáneo*> tema?

P: No </*simultáneo*> yo no sería nunca / <*simultáneo*> de eso.

J: ¿Por qué? </*simultáneo*>.

P: Porque me daría una vergüenza enorme <*vacilación*> a los tre<[s]> día<[s]> tendría que dimiti<[r]> / porque no sería <*corrección*> yo no estoy capacitado para ser nada que tenga relación con la política supongo que se tiene mucha relación con la política y ninguna con la cultura.

J: ¿Entonces la cultura quiénes son los que tienen que<(:)> arreglarla?

P: La tendrían que arreglar los que crean la cultura pero es que eso no tiene <*corrección*> tú sabes que no tiene nada que ver / a un ministro de cultura no lo nombran porque tenga interés por la cultura lo nombran porque / porque es un político y en luga<[r]> de hacerlo ministro de agricultura o ministro de<(:)> de<(:)> asuntos exteriore<[s]> lo hacen ministro de cultura / pero <*vacilación*> yo creo que a lo mejo<[r]> cuando se se encuentra por primera vez con la <*vacilación*> <*corrección*> con el con ese temario se da cuenta de que tiene que aprender aceleradamente quién era <*nombre propio*> El Greco </*nombre propio*> y quién era<(:)> <*nombre propio*> Benito Pére<[z]> Galdó<[s]> </*nombre propio*>.

J: ¿No será que la cultura no se impone que la cultura nace espontáneamente se desarrolla espontáneamente y muere también espontáneamente?

P: Sí<(:)> eso sí es verdad / es una de la<[s]> de la<[s]> grandes <*vacilación*> de lo<[s]> grandes hallazgo<[s]> que tiene la cultura es eso <*tipo=explicativo*> es que espontánea <*palabra cortada*> no se puede parar y que nace espontáneamente y se va espontáneamente / pero también el que nace con la cultura y tiene la necesida<[d]> de seguir haciendo cultura necesita vivir / y si no tiene otro medio para vivir creo que <*vacilación*> que sería interesante <*vacilación*> ver <*vacilación*> la forma se / se pueda ayuda<[r]> sobre todo a los que realmente ya tienen asentado su su vocación y su y su preocupación por la<(:)> por la cultura </*tipo=explicativo*>.

J: ¿Qué hacemos entonces?

P: Pue<(:)><[s]> yo no sé / yo no realmente no sé lo que pued <*palabra cortada*> lo que se pueda hace<[r]> / <*vacilación*> esperar / esperar <*simultáneo*> <*ininteligible*>.

J: Pero ¿esperar </*simultáneo*> / esperar a qué?

P: Esperar pues a lo mejor <*vacilación*> dentro de diez años hay otro<(:)> <*corrección*> otra inquietud política y con la o <*palabra cortada*> otra inquietud política pues hay otra<(:)> inquietud <*vacilación*> cultura<[l]>.

J: ¿Y la universidad?

P: <*ruido = desconocido*> <*irónico*> la universida<[d]> no sé lo que hace </*irónico*> / yo no tengo ni idea de lo que hace la universidad<[d]> / pero <*énfasis*> ¿qué / qué acto<[s]> culturale<[s]> patrocina? </*énfasis*> / yo veo <*corrección*> yo leo los periódico<[s]> yo no veo que la universida<[d]> tenga una actividad cultura<[l]> importante / ni <*vacilación*> ni la universida<[d]> repito ni la diputación ni el ayuntamiento ni<(:)> / ni nadie que pueda tener presupuesto para<(:)> para auspiciar este tipo de <(:)> de acto<[s]> culturale<[s]>.

J: Bueno / pero entonce<[s]> ¿qué es lo que pasa que<(:)> esto no tiene arreglo?

P: Supongo que sí pero que el arreglo se lo tiene que da<[r]> lo<[s]> político<[s]> que es lo<[s]> que tien <*palabra cortada*> <*corrección*> los que meten la mano <*énfasis*> en todo </*énfasis*> / no nosotro<[s]> lo<[s]> creativo<[s]> / ¿qué qué hago yo si me meto en mi casa y me pongo a pintar un cuadro? / ¿salgo a la calle a venderlo como si estuviera vendiendo <*vacilación*> ristras de ajo? / eso es imposible porque me darían diez duro<[s]> y a lo mejo<[r]> le<[s]> parecería caro ¿no? / claro eso no es el el <*corrección*> ahí no está la<(:)> la solución / la solución está en que los político<[s]> / los que los docto<[s]> en la materia sepan qué tiene y qué produce la ciudad y se den cuenta de una vez por toda<[s]> <*énfasis*> que esta ciuda<[d]> lo único que produce son pintore<[s]> </*énfasis*> / esta ciuda<[d]> lo único que es materia prima es en pintore<[s]> / pintore<[s]> tiene a porrillo por toda<[s]> la<[s]> calle<[s]> hay dos o tre<[s]> pintore<[s]> / eso e<[s]> lo único que <*corrección*> lo que lo que <*corrección*> que es lo que te he dicho ante<[s]> / que no produce científicos no produce deportistas no produce nada que no sea plástica / creación y eso e<[s]> la materia prima / eso se puede exportar / solo que hay que promocionarlo y hay que invertir.

J: Bueno pue<(:)><[s]> nos quedamos entonces donde<(:)> mismo estábamos / en mil novecientos / cuando<(:)> <*nombre propio*> Boigas </*nombre propio*> el pintor <*nombre propio*> Boigas </*nombre propio*> pinta un cuadro<(:)> / de la reina <*nombre propio*> María Cristina </*nombre propio*> se lo<(:)> regala a la <*nombre propio*> Sociedad Filarmónica de Málaga </*nombre propio*> / esta entidad cuelga el cuadro en su mejor salón y le da al pinto<[r]> veinte duro<[s]> para que vaya a <*nombre propio*> Madri<[d]> </*nombre propio*> a hacer carrera // mil novecientos / pero es que lo de mil novecientos se repite / ochenta y siete años después // y no tenemos solución / parece que eso no tiene salida.

P: Yo creo que no.

J: Bueno <*simultáneo*> pue<[s]> mira.

P: Si te hacen </*simultáneo*> a ti ministro de cultura que tú sí que estás preocupado con la cultura desde hace un montón de <*simultáneo*> año<[s]>.

J: Preocupa<[d]>o </*simultáneo*> con <*corrección*> por la cultura pero no preocupado tanto por la política.

[...]

2
EJEMPLO DE TRANSLITERACIÓN
EN FORMATO LIMPIO DE ETIQUETAS

EJEMPLO 18

Hombre de 45 años, instrucción superior, pintor	Hombre de 53 años, instrucción superior, periodista

<fichero = Entrevista de Julián Sesmero a Pepe Bornoy = 87_BOR>
<audio WAV 01> <estereofónica>
<duración = 12' 31">
<idioma = español>
<texto = oral>
<corpus = ARQUEOLING>
<fecha de grabación = 1987>
<ciudad = Málaga>
<transcripción = Yorgos Sionakidis>
<fecha de transcripción = 2021>
<revisión 1 = Antonio Ávila, 2021>
<revisión 2 = Juan Andrés Villena, 2021>
<Microsoft® Windows® 10®. Microsoft® Word® 365>
<código informante 1 = MA-205H23>
<nombre informante 1 = Pepe Bornoy = P>
<código informante 2 = MA-197M23>
<nombre informante 2 = Julián Sesmero = J>
<P = 45 años, hombre, instrucción superior, pintor>
<J = 53 años, hombre, instrucción superior, periodista>
<origen = P, J = Málaga>
<roles = P, J = amigos>
<lugar de grabación = Málaga>
<interacción = entrevista radiofónica>
<tipo = diálogo> <campo = no técnico> <tenor = estatus = 0, edad = 0, proximidad = 0>
<planificación = entrevista>

<texto>

J: Si Málaga no ayuda a su<[s]> creativo<[s]> a su<[s]> pintore<[s]> a sus artistas en general / ¿cuál es el triste destino del artista malagueño?

P: Pue<(:)>S yo no sé cuál es el triste destino del artista malagueño / yo veo que no hay esto me parece que lo he comentado incluso contigo más de una vez / que Málaga es la única ciudad / de Europa / y por ende de casi medio mundo / que con más de seisciento<[s]> mil habitante<[s]> no tiene ni un certamen ni una beca anual / ni una<(:)> bienal nada donde el artista pueda acudir / es más lo único que tenía era lo<[s]> cartele<[s]> de Semana Santa y lo<[s]> cartele<[s]> de la Feria y ya ves qué ha sido de ellos o sea nada / absolutamente nada no hay nada donde el pintor pueda acudir y decir bueno pues me voy a presentar a esto o bueno voy a recurrir a esto nada / absolutamente nada.

J: Hubo una frase que tú dijiste hace algunos años que Málaga no era madrastra para los pintores era madrastrona para los artistas / ¿sigues opinando lo mismo?

P: Te digo sigo opinando lo mismo me reitero que Málaga es la ciuda<[d]> de la cochambre y el fasto / y madrastrona para los artista<[s]> / y será siempre porque es una ciudad que vive de espalda<[s]> a la cultura de espalda<[s]> a todo lo que sea creación y de espalda<[s]> a todo lo que sea inquietud / no hay más que<(:)> darse una vuelta por por la<[s]> librería<[s]> darse una vuelta por la<(:)><[s]> sala<[s]> de exposicione<[s]> y se da uno cuenta de que aquí no viene no hay grandes exposicione<[s]> / no hay grande<[s]> lectura<[s]> no hay grande<[s]> conferencia<[s]> / no hay nada.

J: De todas maneras Málaga a pesar de estos problemas que estamos hablando de esta falta de promoción y ayuda para sus artistas Málaga cada vez tiene más gente que hace poesía / que hace escultura / que hace diseño / que hace pintura / que hace teatro / que escribe / Málaga es una ciudad que tiene un cierto nivel de desarrollo intelectual / ¿qué pasa?

P: Eso es el desfase de siempre Málaga es una ciudad que produce no produce científicos / no produce deportistas no produce grandes grandes personajes de la vida sesuda pero sí grandes artistas grandes creadore<[s]> / ¿por qué? pues porque la el clima es bueno porque la gente está en la calle y porque la imaginación es mucha / ahí está el desfase artista<[s]> creadore<[s]> pueblo y artistas y autoridade<[s]> o artista<[s]> o gente que pueda promocionar eso<[s]> movimiento<[s]> que tú has apuntado y que es verdad que existen / pero que viven no sé de qué / seguramente trabajan en banco<[s]> o trabajan de hacen otra cosa ¿no? / porque vivir ahora mismo de la literatura o del arte en Málaga es prácticamente imposible solamente viven dos o tres que hacen un tipo de arte muy comercial o muy para venderlo a<(:)> veintiocho pesetas y ya está.

J: Has dicho pueblo // ¿existe un divorcio entre el pueblo y los creativos / de la misma manera que existe un divorcio entre los creativos y el establishment?

P: Sí / claro que existe / pero tú vete a contarle a una maría de<(:)> de ahí del barrio de del barrio de la Trinidad o del Perche<[l]> lo que está haciendo Paco Peinado si lo entiende y Paco Peinado es conocido / está en la<[s]> grande<[s]> enciclopedia<[s]> del mundo o vete a contarle lo que hace cualquier músico de preocupación no se entera / ¿por qué no se entera? pues porque no hay porque porque<(:)> porque no hay prensa no hay radio no hay televisión que fomente eso esa inquietud y esa<(:)> preocupación / el pueblo va por un la<[d]>o / los creadore<[s]> van por otro l<[as]> autoridade<[s]> van por otro y no se encuentran nunca / en Semana Santa a lo mejor por la calle se encuentran diciéndole vivas a la virgen y ya está.

J: Si tu fuera<(:)><[s]> consejero de cultura de la Junta de Andalucía ¿por dónde empezabas el tema?

P: No yo no sería nunca / de eso.

J: ¿Por qué?

P: Porque me daría una vergüenza enorme a los tre<[s]> día<[s]> tendría que dimiti<[r]> / porque no sería yo no estoy capacitado para ser nada que tenga relación con lo político supongo que se tiene mucha relación con la política y ninguna con la cultura.

J: ¿Entonces la cultura quiénes son los que tienen que<(:)> arreglarla?

P: La tendrían que arreglar los que crean la cultura pero es que eso no tiene tú sabes que no tiene nada que ver / a un ministro de cultura no lo nombran porque tenga interés por la cultura lo nombran porque / porque es un político y en luga<[r]> de hacerlo ministro de agricultura o ministro de<(:)> de<(:)> asuntos exteriore<[s]> lo hacen ministro de cultura / pero yo creo que a lo mejo<[r]> cuando se se encuentra por primera vez con la con el con ese temario se da cuenta de que tiene que aprender aceleradamente quién era El Greco y quién era<(:)> Benito Pére<[z]> Galdó<[s]>.

J: ¿No será que la cultura no se impone que la cultura nace espontáneamente se desarrolla espontáneamente y muere también espontáneamente?

P: Sí<(:)> eso sí es verdad / es una de la<[s]> de la<[s]> grandes de lo<[s]> grandes hallazgo<[s]> que tiene la cultura es eso es que espontánea no se puede parar y que nace espontáneamente y se va espontáneamente / pero también el que nace con la cultura y tiene la necesida<[d]> de seguir haciendo cultura necesita vivir / y si no tiene otro medio para vivir creo que que sería interesante ver la forma se / se pueda ayuda<[r]> sobre todo a los que realmente ya tienen asentado su su vocación y su y su preocupación por la<(:)> por la cultura.

J: ¿Qué hacemos entonces?

P: Pue<(:)><[s]> yo no sé / yo no realmente no sé lo que pued lo que se pueda hace<[r]> / esperar / esperar.

J: Pero ¿esperar / esperar a qué?

P: Esperar pues a lo mejor dentro de diez años hay otro<(:)> otra inquietud política y con la o otra inquietud política pues hay otra<(:)> inquietud cultura<[l]>.

J: ¿Y la universidad?

P: La universida<[d]> no sé lo que hace / yo no tengo ni idea de lo que hace la universidad<[d]> pero /¿qué / qué acto<[s]> culturale<[s]> patrocina? / yo veo yo leo los periódico<[s]> yo no veo que la universida<[d]> tenga una actividad cultura<[l]> importante / ni ni la universida<[d]> repito ni la diputación ni el ayuntamiento ni<(:)> / ni nadie que pueda tener presupuesto para<(:)> para auspiciar este tipo de <(:)> de acto<[s]> culturale<[s]>.

J: Bueno / pero entonce<[s]> ¿qué es lo que pasa que<(:)> esto no tiene arreglo?

P: Supongo que sí pero que el arreglo se lo tiene que da<[r]> lo<[s]> político<[s]> que es lo<[s]> que tien los que meten la mano en todo / no nosotro<[s]> lo<[s]> creativo<[s]> / ¿qué qué hago yo si me meto en mi casa y me pongo a pintar un cuadro? / ¿salgo a la calle a venderlo como si estuviera vendiendo ristras de ajo? / eso es imposible porque me darían diez duro<[s]> y a lo mejo<[r]> le<[s]> parecería caro ¿no? / claro eso no es el el ahí no está la<(:)> la solución / la solución está en que los político<[s]> / los que los docto<[s]> en la materia sepan qué tiene y qué produce la ciudad y se den cuenta de una vez por toda<[s]> que esta ciuda<[d]> lo único que produce son pintore<[s]> / esta ciuda<[d]> lo único que es materia prima es en pintore<[s]> / pintore<[s]> tiene a porrillo por toda<[s]> la<[s]> calle<[s]> hay dos o tre<[s]> pintore<[s]> / eso e<[s]> lo único que lo que lo que que es lo que te he dicho ante<[s]> / que no produce científicos no produce deportistas no produce nada que no sea plástica / creación y eso e<[s]>la materia prima y eso se puede exportar también / eso se puede exportar / solo que hay que promocionarlo y hay que invertir.

J: Bueno pue<(:)><[s]> nos quedamos entonces donde<(:)> mismo estábamos / en mil novecientos / cuando<(:)> Boigas el pintor Boigas pinta un cuadro<(:)> / de la reina María Cristina / se lo<(:)> regala a la Sociedad Filarmónica de Málaga / esta entidad cuelga el cuadro en su mejor salón y le da al pinto<[r]> veinte duro<[s]> para que vaya a Madri<[d]> a hacer carrera // mil novecientos / pero es que lo de mil novecientos se repite / ochenta y siete años después // y no tenemos solución / parece que eso no tiene salida.

P: Yo creo que no.

J: Bueno pue<[s]> mira.

P: Si te hacen a ti ministro de cultura que tú sí que estás preocupado con la cultura desde hace un montón de año<[s]>.

J: Preocupa<[d]>o con por la cultura pero no preocupado tanto por la política.

[...]

3
SESMERO Y LA DOCUMENTACIÓN
DE LA CIUDAD

Muchas han sido las instituciones y las personas que, de modo profesional o aficionado, se han dedicado a salvaguardar la memoria de nuestra ciudad. Nuestro corpus las honra e intenta seguir su ejemplo, integrándose en esa cadena ininterrumpida desde el siglo XVI hasta nuestros días. Nuestras investigaciones nos han dado la oportunidad de acceder a esas voces sólidas, graves, pero también humanas, imbuidas por el silencio del taller del documentalista y archivero, que se han asomado a los avatares históricos de esta tierra y por eso siempre trabajan lejos de los focos y de la grandilocuencia de los medios de comunicación o los políticos.

Las personas que han contribuido a documentar y legar a las futuras generaciones la memoria de lo que fue Málaga han sido la encarnación de virtudes cada vez más difíciles de encontrar, entre las que destaca la responsabilidad hacia su comunidad. Dicha responsabilidad los llevó a practicar una de las virtudes más solemnes, la generosidad.

En esta era nuestra de la amnesia (Baudrillard 1978), documentar la historia de una ciudad de manera autónoma y responsable es una labor compleja que raramente es recompensada ni reconocida. Joaquín Marín [88_MEM_B_207], antiguo director del Diario Sur, en la presentación del libro *Málaga in memoriam* rescatada del archivo Julián Sesmero, subrayaba que para este tipo de trabajos es imprescindible una labor cuidadosa y profesional por parte de sus autores para garantizar que cualquier obra sea transparente para los estudiosos y útil para la comunidad. En el taller artesanal del documentalista, la parte más ardua de nuestro esfuerzo, aquellas horas extra invertidas en pos de la claridad de los contenidos, tendrá un efecto multiplicador en la utilidad de nuestra colección en el futuro.

El investigador, no obstante, es hijo de su tiempo. Aplicar la deontología profesional [19] no siempre es una tarea fácil dado que nuestras propias propuestas de trabajo iniciales suelen estar dirigidas inconscientemente por nuestras circunstancias personales y sociales.

Además de la energía empleada en tomar las precauciones deontológicas y metodológicas necesarias, el documentalista se enfrenta a una dura realidad inmediata, un día a día cuyo transcurso muchas veces depende más de la voluntad de agentes externos de colaborar que de su propia motivación de llevar a cabo su empeño. La acumulación de documentos del dominio público como antigüedades o diplomas en colecciones privadas, la complicada trazabilidad de los documentos y el anquilosamiento institucional siempre han sido escollos difíciles de franquear para los estudiosos, especialmente de antaño.

La razón de esa penuria era para Julián Sesmero la falta de universidad, institución que debería reunir todo el material ubicado en las distintas instituciones locales y regionales y evitar «tener que trabajar con lupa, sin sistematización y malos horarios» [20].

Por otra parte, existieron en nuestra ciudad ejemplos luminosos donde la labor sistemática y afanosa de algunas instituciones y de sus integrantes dio lugar a excelentes archivos. En una época todavía bastante temprana, en 1978, el cabildo de la Catedral de Málaga protagonizó un esfuerzo de enorme importancia y singularidad para nuestra ciudad con la apertura del Archivo de la Catedral [21]. Hemos tenido la suerte de acceder a las entrevistas realizadas a propósito de ese acontecimiento a Juan Cómitre, archivero de la Catedral, y a Agustín Clavijo, director del Museo Diocesano entre 1978-1985, que describen detalladamente un amplio proceso de restauración, organización y habilitación para el acceso a los investigadores del archivo y expresión manifiesta del enorme potencial y energías con las que nuestra ciudad siempre ha contado en su seno.

Relatando su experiencia con el archivo catedralicio, Agustín Clavijo confiesa que toda investigación archivística nace de un impulso personal, a veces casi egoísta, pero que tiene que ser canalizada hacia un objetivo superior que sirva a la comunidad. El investigador documenta y se abstiene en la medida de lo posible de interactuar

[19] *Vid.* Dingwall 2004 y el *Código de ética para archiveros* del Consejo Internacional de Archivos al que nos atenemos plenamente.

[20] Dejamos al juicio del lector si esto se ha logrado o no, pero con nuestra aportación hemos intentado ofrecer algo que cumpla esa visión de Julián Sesmero.

[21] Sobre la situación del archivo en aquella primera época *vid.* Riesco Terrero 1986. Sobre su estado actual *vid.* Rodríguez de Tembleque García 2009. La labor investigadora y la feliz colaboración de la universidad y el archivo catedralicio han dado lugar a importantísimos estudios de índole filológica, histórica y hasta musical, además de una interesante bibliografía sobre metodologías de trabajo como Rodríguez de Tembleque García 2019.

con el material, pero, volviendo a nuestro corpus, reconocemos que la trascendencia de nuestros documentos, pinceladas fonéticas de personas y épocas que ya no son produce en el estudioso una pesada carga emocional e intelectual, parte de la cual hemos querido representar en el presente ensayo. Esa carga proviene del respeto que infunde poder asomarse al carácter más profundo de las personas que participan en los materiales y que muchas veces son individuos cuyo mundo interior se revela de manera inesperada.

El investigador nunca sale indemne de esta labor, sino más bien cambiado, portador ya de enseñanzas legadas por las voces del pasado de nuestra ciudad. Hoy en día, en una época dominada por la actualidad y la inmediatez, las noticias disponibles las 24 horas, documentar el pasado tiene un efecto sanatorio para nuestra percepción del mundo, a la par que nos recuerda la caducidad de lo contemporáneo. Ante la pregunta de qué es lo verdaderamente importante, qué es lo que hay que rescatar para las futuras generaciones, vamos a cerrar el presente apartado en el más puro espíritu humanista de Juan Marín:

EJEMPLO 19

[88_MEM_B_207] Estudiamos un poco // la historia pasada // eh / ya nos está ocurriendo que nos fijamos más // en / en las costumbres // en en los vestidos / en en en la configuración urbana de la ciudad // en los equipamientos / sociales // en / en las ferias / en en el folclore.

REFERENCIAS BIBLIOGRÁFICAS

Baudrillard, Jeaun, *Cultura y simulacro*, Barcelona, Kairós, 1972.

Dingwall, Glenn, «Trusting Archivists: The Role of Archival Ethics Codes in Establishing Public Faith», *The American Archivist*, vol. 67-1 (2004), pp. 11-30.

Hymes, Dell, «The Scope of Sociolinguistics», *International Journal of the Sociology of Language*, 263 (2020). Disponible en <https://doi.org/10.1515/ijsl-2020-2084>.

Riesco Terrero, Ángel, «El archivo Catedral de Málaga: Hacia una nueva reorganización y catalogación de fondos», *Baética: Estudios de Historia Moderna y Contemporánea*, 9 (1986), pp. 269-286.

Rodríguez de Tembleque García, Susana E., «El Archivo de la Catedral de Málaga en los albores del siglo xxi», en Esther Cruces Blanco (coord.), *Los archivos y el patrimonio documental en la provincia de Málaga*, Sevilla, Junta de Andalucía, 2009, pp. 155-166.

Rodríguez de Tembleque García, Susana E., «La evolución en la formación de los usuarios del archivo de la Catedral de Málaga: de los inventarios manuscritos de la ilustración al catálogo electrónico de la era digital», en Antonio Rafael Fernández Paradas *et al.* (coord.), *Educación y felicidad en las ciencias sociales y humanidades: un enfoque holístico para el desarrollo de la creatividad en la era digital*, Valencia, Tirant lo Blanch, 2019, pp. 431-444.

4
LA GRAN TRASFORMACIÓN URBANA.
URBANISMO Y NOSTALGIA

En la historia urbanística de la capital malagueña, barrios como El Perchel y La Trinidad [22] adquirieron el carácter de zonas periféricas de viviendas autoconstruidas donde se instalaron, durante el último tercio del siglo XIX y principios del XX las clases obreras ante la falta de vivienda asequible en el centro urbano, siendo el cauce del Guadalmedina la frontera que los separa de la Málaga burguesa del centro. Esta frontera la romperían los planes de la anhelada expansión de la Alameda hacia el oeste que a partir de 1966 resultaron en un *sventramento* asolador de las barriadas populares, proceso paralelo a los profundos cambios que había empezado a vivir la ciudad y cuyos solares transformados pasarían a formar parte de una nueva centralidad a nivel metropolitano (García Martín 2019: 53) [23]. En palabras del urbanista Salvador Moreno Peralta [88_MEM_208], en una entrevista realizada en el marco del documental *Málaga in memoriam* [24]:

EJEMPLO 20

[El nacimiento de la Málaga moderna se encuentra] en el paso que se produce mediante el salto de la barrera histórica / histórica del río *<nombre propio>* Guadalmedina *</nombre propio>* ocupando la gran extensión, la gran llanada que existe entre este río y el *<nombre propio>* Guadalhorce *</nombre propio>*.

---

[22]   Entre las referencias más destacables y recientes acerca de la evolución del Perchel contamos con Rodríguez de Tembleque García 2018, Hurtado González 2020 y el inevitable Sesmero Ruiz 1993.

[23]   Para visualizar este proceso de desmantelamiento del barrio tradicional orgánico del Perchel no hace falta sino echar un vistazo al mapa del distrito Málaga Centro, donde el barrio de Polígono Alameda corta en dos los Percheles.

[24]   Documental producido por Javier Ramírez y Fernando Rivas a raíz de la publicación homónima (Ramírez 1987) que contenía fotografías de nuestra ciudad de entre 1874 y 1974.

La población de la ciudad aumentó en 200.000 habitantes en apenas veinte años entre 1960 y 1980, alimentada por el éxodo rural y el boom económico que había desatado el auge de la Costa del Sol como destino turístico. Julián Sesmero, en el marco del mismo documental, apuntaba que los avances urbanísticos y socioeconómicos terminaron con una forma de vida muy original:

EJEMPLO 21 [25]

[88_MEM_208] Las tertulias que se celebraban en las calles de Málaga en el portal de la casa. La gente sacaba sus sillas de anea, la gente baldeaba primero la calle / la parte de la calle que le correspondía, la baldeaba, ponía sus sillas de anea, ponía sus botijos en el verano, ponía sus macetas de albahaca y se celebraban tertulias. Aquellas tertulias duraron años. Pero de igual manera que duraron años, de la noche a la mañana cayeron. ¿Por qué caen? Por la verticalidad de la ciudad / la ciudad se verticaliza / y al verticalizarse / hace que desaparezca de la superficie urbana una mayor cantidad de gente. […] Tenemos entonces la tertulia perdida, pero es que la tertulia no era el hecho de estar reunido. La tertulia era una forma de solidaridad. Solidaridad que en los años aquellos terribles en los que muchos de nosotros tuvimos que criarnos […].

En nuestro corpus afloran varias referencias a esos barrios, en las que la imagen del lugar perdido reconstruida a partir de unos trozos de memoria desperdigados entre sus antiguos habitantes se entremezcla con algún que otro tópico sobre lo castizo y lo típico [26] de una ciudad sujeta a un radical cambio de piel que hace que la realidad ya difícilmente corresponda a lo vivido. Este hecho es notorio y lo expresan personajes que llegaron a conocer El Perchel orgánico de antaño como el pintor Manuel Garvayo [27] quien, a propósito de una exposición de obras de pintura del año 1983 dedicada al barrio, afirmaba:

[25] En adelante, los ejemplos se ofrecen sin etiquetas, para una consulta más ágil por quienes no están habituados a la anotación técnica.

[26] Es lógico que la proyección del Perchel como «típico» sea alentada por la proyección a los medios y sea asumida por sus antiguos habitantes como Pepe Mena (85_VARS_B_030): «Ese barrio tan típico, tan bonito, que es una lástima que desaparezca y que yo veré con muchísima pena y con mucho sentimiento».

[27] En un alarde de laconismo popular, el propio pintor describe su relación con el barrio mediante las palabras «Yo soy del Perchel pues he nacido en El Perchel, han nacido mis hijos en El Perchel, me he casado en El Perchel y allí lo tengo todo completamente; una cosa viva y otra cosa enterrada».

EJEMPLO 22

[83_PERX_104] No / ya no queda relativamente no queda [ninguna estampa típica del Perchel], porque la única cosa que podía quedar era la parte de Santo Domingo pero eso está completamente abandonado.

En lo que queda de un lugar que ya no es, abandonado, desestructurado y pasto de lacras modernas como la drogadicción y más recientemente la especulación inmobiliaria, la resignación da lugar bien a la estetización de lo viejo:

EJEMPLO 23

[83_PERX_F_109] [Me interesan las casas del Perchel] bueno / más que todo porque son las que hay aún todavía pues de pie como se suele decir aquí […] ya que están todas derribadas y eso […] gusta pues lo pintoresco de la vejez que aún tienen las casas.

o bien a la racionalización y los intentos de proponer soluciones que pasan por la rehabilitación o la reconstrucción conservacionista y en clave museística y a la vez intelectual y estética propuestas por el pintor José de la Fuente Grima [83_PERX_105] [28]:

EJEMPLO 24

Nuestro barrio del Perchel al que se debió prestar una gran e inteligente atención, reconstruyéndolo dentro de sus características y acondicionándolo sin que perdiera sus visos de antigüedad y ranciendumbre, esa antigüedad y solera que en nuestra Málaga va perdiéndose paulatinamente y de la que ya se tiene el recuerdo los que aún vivimos. Tenemos por ejemplo otras ciudades hermanas tales como Sevilla, Córdoba, Granada, etcétera, las cuales han luchado con orgullo por mantener sus tradicionales y antiguos barrios […] y callejas conservadas con mimo y cariño. La extensión puede hacerse por muchas partes para conservar dentro del fragor y polución actual estos remansos de paz y poesía tan necesarios para el espíritu en los tiempos tan de acaloramiento y aceleramiento actuales.

---

[28] El mismo pintor asumía lo inevitable: «Comprendo que Málaga, como cualquier otra ciudad que tienda a su engrandecimiento por necesidades propias de población, se vea en la necesidad de construir y embellecer sus calles con vistas al exterior, máxime tratándose nuestra patria chica de una urbe eminentemente turística».

Ahora bien, hemos de constatar que ante el avance imparable de las fuerzas de «limpieza y embellecimiento» de los núcleos urbanos sujetos a un turismo masivo, tales iniciativas no fomentan ni la conservación ni el mantenimiento de un barrio sino más bien lo condenan a una osificación digerible y sin aristas para los visitantes. Porque el Perchel o el Huelin «típico» fue también en parte una estampa provisional de entre tantas que adoptó su emplazamiento a lo largo de los siglos. A su esfera pertenecieron actividades que ya no caben en una economía de servicios en pos de una eminente digitalización y profesiones como la de Manolillo el Herrador (83_PERX_D_107) que recuerda un Perchel lleno de «carreros y pescadores, mucha gente del ferrocarril» que «no tenían un duro pero se lo pasaban muy bien» en las tabernas y en un ambiente sonoro dominado por seguiriyas y personajes como el Piyayo. El cantante Antonio Molina (1928-1992) describe por su parte la vida en Huelin, «el barrio de las fatigas», de antes de la guerra con estas palabras (77_AMOL_038):

EJEMPLO 25

Bueno el barrio de Huelin muy cerca del barrio lo llamaban el barrio de las fatigas porque el que hacía una casita allí le costaba un trabajo enorme, a base de cuando tenía descanso los domingos como mi padre, y eso mi padre trabajaba en la fábrica de Los Guindos y los domingos nos cogíamos un carrillo y a coger piedras por ahí hasta que mi padre pudo hacer un hogar para sus hijos / de modo que con mucho sacrificio todo.

El mismo informante nos recuerda que las vidas de estos barrios estaban marcadas por la ausencia de escolarización y de cualquier noción de niñez, una realidad que contrasta otra vez con imágenes idílicas de la vida «tradicional y auténtica». En un momento de la entrevista de Antonio Molina, en el que el periodista adopta un tono que raya lo sensiblero, el cantante nos devuelve a la realidad cruda de un niño obligado a trabajar desde lo que hoy llamaríamos preadolescencia [29]:

EJEMPLO 26

Periodista: Pero yo supongo que también en ese callejear de aquella época entre anécdotas, entre recuerdos, entre amigos, entre juegos y colegio también en aquellos momentos

---

[29] La niñez y especialmente la adolescencia como estados reconocidos de las primeras etapas de la vida humana se establecen como consecuencia de las transformaciones socioeconómicas de las sociedades occidentales en el contexto del éxodo rural, urbanización y el cambio de la sociedad tradicional familiar a la sociedad de consumo (Savage 2008). Los barrios obreros de mediados del siglo xx vivieron esta transición (otra más) y sus habitantes fueron verdaderos protagonistas de este proceso.

ya surgiría alguna niña a la que tú recuerdes ahora al cabo del tiempo, ese primer amorcillo que tienen los chavales que dicen yo no sé por qué esta esta criatura me gusta.

Antonio Molina: No, en aquella época yo salía de mi casa a las cinco de la mañana. Bueno eso ya cuando ya me independicé con mi padre que cogía yo leche de las cabañas y eso salía a las cinco de la mañana, llegaba a las siete de la mañana, luego me iba para Málaga y llegaba a las dos de la tarde a mi casa. Le daba a mi madre lo que tenía y a las cuatro de la tarde salía otra vez hasta las ocho las nueve de la noche […]. No había tiempo para eso.

La percepción de la localización espaciotemporal de las personas cambiaba de un barrio a otro. Huelin era todavía parte del extrarradio y se ubicaba lejos de la ciudad propiamente dicha tanto a nivel físico como a nivel de imaginario:

EJEMPLO 27

Antonio Molina: En un burro.
Periodista: ¡En un burro!
Antonio Molina: En un burro con las aguaderas.
Periodista: ¿Cuánto tardabas en llegar?
Antonio Molina: Pues media hora.
Periodista: Media hora, nada más / está bien.
Antonio Molina: Media hora o tres cuartos de hora.
Periodista: Ajá / ¿Cómo era…
Antonio Molina: Si hubiera tenido un motor hubiera tardado…
Periodista: Tres minutos.
Antonio Molina: Tres minutos [30].

Vidas diferentes de las nuestras, permeadas por la nostalgia, que no obstante también ayuda a crear un mito compartido incluso para los que no tuvimos nunca una relación orgánica con los barrios perdidos. Según Salvador Moreno Peralta [88_MEM_XXX]:

EJEMPLO 28

Y la nostalgia es un sentimiento que propende a / a considerar cualquier tiempo pasado inevitablemente mejor // es decir que propende en cierto modo al pesimismo // pero es preciso resaltar el hecho de que la mayor parte de la población que ve estas fotografías [de los barrios periféricos de Málaga antes de los sesenta con sus calles embarradas y los burros como medio de transporte] no ha vivido esa Málaga que en ellas se retrata. Entonces yo creo que se produce un hecho positivo // que es ese encuentro con ese lugar común que en definitiva es el pasado que puede propiciar un cierto sentimiento de orgullo hacia la propia ciudad, cosa que realmente en Málaga estaba faltando, y yo creo que ese sentimiento de orgullo hacia la propia ciudad es una condición indispensable a la postre para que las ciudades sean hermosas y, si me apuras, incluso para que sean incluso hasta gobernables.

La aproximación romántica [31] siempre emborronará nuestros intentos de entender esos barrios. Ahora bien, Manuel Garvayo vuelve para despejar el terreno nocional, poniendo el foco en lo que verdaderamente importa y en lo que constituyó la esencia del barrio y de cualquier barrio de este tipo a lo largo y ancho de la geografía urbana de nuestro país:

EJEMPLO 29

Las calles para mí les tengo la vocación porque he nacido, me he criado, he corrido, pero a mí más lo que me interesa es la parte humana de ser, que eso es algo increíble de ser con una humanidad grandísima o esa cosa que cualquiera que se ponía cualquier malo y que se iba y se socorría los unos a los otros; esa cosa misma de cualquier cosa; ¿no? era una cosa distinta.

Los cuadros y las fotografías que poblaron y pueblan exposiciones y álbumes conmemorativos estampas pictóricas de la memoria de un lugar que ya no existe, igual que muchos de los textos que hemos recogido en nuestro corpus, que sirvan de contrapunto a la infinidad de fotografías digitales que habitan nuestros teléfonos inteligentes y que no sobrevivirán la obsolescencia programada. A veces el investigador tiene la inigualable oportunidad de asomarse a esos recuerdos hechos palabra y, al tratar biografías de gentes en su mayoría hoy desaparecidas agradecer el esfuerzo de todos ellos en legarnos su vida.

---

[30] En contraposición a esta realidad hemos encontrado una entrevista del ilustre médico y Nobel Severo Ochoa quien, en una entrevista ofrecida a Julián Sesmero en 1977 describe su vida en el centro de Málaga y luego en el Limonar [77_OCH_223]: «Aprendí equitación a la inglesa [y tuve] una novia a la que quise mucho». Ante la insistencia de Sesmero para que el médico nos regalara alguna estampa de las clases más populares, Ochoa aduce que «[...] la pedreas del Guadalmedina incluían a gente no de nuestra clase. La clase popular no la llegué a conocer íntimamente».

[31] Quizás el único romanticismo admisible sea el de los antiguos habitantes que, como Gabriel Alberca (1934-2011), asumen esta aproximación como válida: «Me une un gran afecto romántico y el mirar hacia atrás y recordar incluso que yo era más joven y que iba allí a pintar con amigos, o sea es una cosa muy romántica» (83_PERX_E_108). Y es un romanticismo consecuencia directa de sentimiento auténticos y profundos de tristeza y complejidad, un genuino *ubi sunt* expresado por de la Fuente Grima (83_PERX_B_105): «Los artistas, los intelectuales y la gente llana del pueblo añoramos aquellas vivencias inigualables del desaparecido Perchel y sentimos en nuestro interior que algo irreparable se ha marchado para siempre dejándonos solo tristes».

REFERENCIAS BIBLIOGRÁFICAS

García Martín, Fernando Miguel, «La configuración de las periferias en las ciudades intermedias españolas durante el siglo xx: Málaga, Murcia y Valladolid», *Ciudades: Revista del Instituto Universitario de Urbanística de la Universidad de Valladolid*, 22 (Ejemplar dedicado a: Medium-Sized Cities: Concepts and Views, Territorial and Urban Profiles) (2019), pp. 45-70.

Hurtado González, Antonio, *Historias de Málaga. Barrios Trinidad-Perchel*, Málaga, Anáfora, 2020.

Ramírez, Javier, *Málaga in memoriam. Cien años a pie de foto*, Málaga, Arguval, 1987.

Rodríguez de Tembleque García, Susana E., *Un barrio malagueño: El Perchel en la edad moderna y contemporánea*, Málaga, Centro de Ediciones de la Diputación de Málaga, 2018.

Savage, Jon, *Teenage, the creation of youth culture*, Londres, Penguin Books, 2008.

Sesmero Ruiz, Julián, *Los barrios de Málaga. Orígenes e historia*, Málaga, Edinford, 1993.

5
LA DESIGUALDAD Y LA MISERIA EN LA MODERNIDAD

La problemática relación de Málaga con su río y su medio físico circundante es un fenómeno relativamente reciente [32]. Ni fenicios, ni romanos ni árabes vivieron nunca las catástrofes que presentó la ciudad a partir de la época moderna, causadas por la ruptura del equilibrio entre las defensas naturales antierosivas de las laderas de la cuenca fluvial y el uso humano de estas laderas junto con una edificación temeraria. La amplia deforestación, al eliminar la cobertera vegetal, propició un rápido avance de la erosión de los suelos, cuyos constituyentes en forma de acarreos fueron rellenando el cauce del río, acercándolo peligrosamente cada vez más a los lindes de la zona habitada. Este problema dio lugar a varias inundaciones que marcaron la memoria colectiva de sus habitantes. Lo que mató a tantos miles de malagueños en los últimos quinientos años fue pues, más que el propio río o sus arroyos, el barro y el desinterés sobre el funcionamiento de la naturaleza en un contexto tan complejo como el mediterráneo.

En nuestro corpus la memoria de esta relación problemática se dibuja en unos cuantos documentos sonoros que recogen la experiencia de los propios malagueños de dos sucesos: la riada de 1907 y las inundaciones de 1989. La primera es narrada en primera persona por tres habitantes del Perchel en el programa de TVE *Testimonio* dedicado a nuestra ciudad y emitido el 18 de mayo de 1967. Esta riada, provocada por la acumulación de barro y acarreos en la parte alta de la cuenca del Guadalmedina, inundó los barrios del Perchel y de la Trinidad, destrozando casi todos los puentes de la ciudad y provocando veintiún fallecimientos:

---

[32] Hay abundante bibliografía sobre la compleja relación entre la Málaga moderna y contemporánea y su río. Destacaríamos el ensayo con el muy expresivo título Málaga versus Guadalmedina (Álvarez Calvente 1973), que se reutilizó como nombre de las jornadas de la Academia Malagueña de las Ciencias llevadas a cabo en los días 22 y 23 de junio de 2000 disponible en <https://amciencias.com/informes.html>.

EJEMPLO 30

[67_TVE_024] Recuerdo perfectamente // serían las diez y media, once menos cuarto pues pasé por el puente de Puerta Nueva, puente de hierro que se lo llevó la riada como ese y otro de Santo Domingo, nos nos dejaron sin puente, vamos, y yo notaba que había como unos relámpagos por el lado de los montes pero muy continuo ¿no? Pero no llovía nada, absolutamente nada // ¿cuál fue mi sorpresa? / que me acosté / y serían las doce y media o una menos cuarto ¡no vea usted la que se formó! lo que han dicho estos señores que / pitos / la guardia civil a caballo / en fin una alarma / las campanas / las campanas de Santo Domingo también tocando. En fin, una cosa horrorosa // y veíamos las […].

De las limitadas descripciones que nos ofrece el programa, destacan situaciones anecdóticas que, no obstante, son dignas estampas de una situación económica y social ya muy distante:

EJEMPLO 31

[67_TVE_B_023] A: Pues mire usted pues aquella noche pasó lo siguiente: se formó un escándalo en Málaga muy grande […] y todo el mundo claro cada uno se iba corriendo, unos se iban a todo lo alto de la azotea, otros al tejado temiendo toda todo el mundo. Y a eso de las dos tres horas del escándalo del agua, se presentó en la casa un señor que vivía en la casa que tenía un borrico en la posada, tenía un borrico en la posada y el hombre, para que el animalito se salvarlo, pues se lo trajo como pudo. Se iba metido el agua hasta la cintura y entre todos los vecinos pues uno lo agarró del jopo otro de las orejas lo subieron arriba en el piso.

B: ¿Y el borrico se dejaba?

A: El borrico parecía una criatura, más más tranquilo que el mundo, y lo pusieron adentro de una habitación y delante de la habitación había una virgen y el animalito se quedó más quieto, parecía que había nacido allí no se movía siquiera.

Casi un siglo después, el 14 de noviembre de 1989, sucesivas borrascas descargaron en forma de lluvia y granizo en un día casi la mitad de las precipitaciones que recibe Málaga durante un año. El Guadalmedina ya no era el foco del problema sino más bien una parte pequeña de él, pero a nuestra ciudad todavía le quedaba mucho para ser lo que hoy en día se llama pomposamente resiliente ante catástrofes naturales. Las grandes catástrofes urbanas son un producto de la modernidad y consecuencia directa de la intervención humana en el medio natural urbano y periurbano (Solnit 2010), intervención que en Málaga había resultado en la edificación sin plan en cauces de arroyos, el escaso mantenimiento de las vías de escape de aguas torrenciales y la falta de un plan de emergencia. La tormenta pilló a los malagueños por sorpresa justo en la hora de regreso a casa para el almuerzo, inundando varias calles importantes y cortando la comunicación entre las distintas partes de la ciudad:

EJEMPLO 32

[89_INUN_I_157] A: Aquel pasaje no tiene ninguna salida y no tiene ninguna comunicación y / pasaba un camión y ahí nos apuntamos nos enganchamos unos cuantos / pero el camión claro se / vamos el conductor nos abrió la puerta ¿no? nos subimos tres.

B: Sí.

A: Salimos de aquel bueno de aquella lluvia de aquel frío porque estábamos el agua helada.

B: Sí.

A: El agua estaba muy helada. Y después pues agradecer a un conductor de estos de de excavadora de una obra de que hay por allí porque ha sacado muchos coches y ha sacado mucha gente de de en volandas ¿no? en la en la excavadora de no sé del banco, de de supermercados.

Ante el caos generalizado, la radio y en concreto Cadena Ser se erigió como el único medio de comunicación disponible incluso para las propias autoridades civiles. La labor que desempeñaron los servicios informativos de la cadena fue de enorme importancia ya que transmitieron un mensaje de tranquilidad a la población malagueña, que se enfrentaba a un fenómeno entonces ya casi olvidado. En la grabación de que disponemos, la cadena permitió que los ciudadanos llamasen directamente y que en vivo expresasen su inquietud acerca de la suerte de sus familiares o de otros conciudadanos que habían visto en apuros. La labor tranquilizadora de los periodistas fue clave [89_INUN_A_149]:

EJEMPLO 33

M: Que.

L: No pasa nada Marta. Marta tranquila verás como la cosa se arregla mujer.

M: Que por favor que llamen a casa.

L: No te apures no te apures que verás tú / si lo que pasa es que ahora todo el mundo anda descontrolado.

M: Sí.

L: Intentando en lo posible salir de del charco y nunca mejor dicho pero vas/ verás tú como la cosa/ el agua nunca llega al río / y la cosa se tranquiliza / Marta.

M: Sí.

L: Por tanto que si tus padres están a la escucha / que se pongan en contacto con vosotros.

M: Sí por favor.

L: Que no hay / no hay ningún problema Marta / y y dile a tus abuelos que haya paz, que no hay nada que lamentar.

Los ciudadanos utilizaron la radio para avisar de cortes de carretera, llamar la atención sobre zonas en peligro e incluso ofrecerse a sí mismos para ayudar a las labores de rescate o de limpieza [89_INUN_G_155]:

EJEMPLO 34

Terminé mi jornada y en un colegio Doctor Fléming que resulta que allí estaba todo inundado y total que a las tres terminamos y nos vinimos ¿no? cada uno como ha podido, pero ahora resulta de que yo quiero comunicar allí con los servicios operativos a ver quién me puede informar si hago falta o no hago falta.

La inundación se saldó con ocho personas fallecidas y varios millones de pesetas en daños y al final, la solución técnica pasó por atajar el problema en su origen, reforestando la cuenca alta del río para así evitar la erosión y el acarreo de los suelos, además de construir presas que permitiesen controlar su flujo. Ahora bien, el cauce del río siguió provocando un enorme quebradero de cabeza a los malagueños: una vez alejado el peligro, la ciudadanía y sus representantes políticos empezaron a mirar al río como un problema estético, como otro recurso más en la creación de una Málaga amigable y atractiva. Pedro Aparicio, en una entrevista ofrecida a Julián Sesmero en 1987, en el marco del programa dedicado a los quinientos años de historia de la Málaga postandalusí, pronunciaba las siguientes palabras [87_QUIN_200]:

EJEMPLO 35

J. Sesmero: ¿Cuál sería / de todos ellos / de todo el conjunto de proyectos / uno // uno que señaladamente // tuviera la personalidad / el sello / y / y la impronta de Pedro Aparicio?
P. Aparicio: Qué difícil entre los tres grandes pero / tengo / los tres grandes son los depósitos explosivos // en la ciudad y sacarlos de allí / el río Guadalmedina y la / y la / y la Alcazaba y Gibralfaro y el teatro Romano y la demolición de la Casa de la Cultura / toda esta gran operación urbanística cultural // como estamos en vísperas de un día como el de mañana / los quinientos años / pues yo voy a decir el río Guadalmedina. Esto es / esto es clave. Si se ve una foto aérea de Málaga se se se comprueba que la transformación del río Guadalmedina su urbanización crearía una ciudad nueva totalmente. Es decir no solamente es que / que se cicatrizaría esa herida terrible que es el / que es el cauce del río sino que se constituiría una / la la ciudad del siglo XXI / a través del río Guadalmedina.

Es harto conocido que esta «herida abierta» de la ciudad sigue ahí, a plena vista, en un proceso de cicatrización lento y enrevesado que resurge cada tanto en los periódicos locales [33]. La voz de las personas que vivieron la angustia trasciende el espacio temporal y nos habla de sucesos dramáticos que constituyen la memoria colectiva de nuestra ciudad.

Esta memoria, condición *sine qua non* de la convivencia en el seno de cualquier sociedad, también se halla poblada por catástrofes de otro tipo, menos tangibles y subjetivas, pero que igualmente son parte imprescindible de nuestro pasado. Catástrofes que marcan, más que edificios, vidas. Nos referimos a fenómenos y experiencias traumáticas colectivas tan potentes como el terrorismo, la drogadicción y los problemas psicológicos, cuyo impacto en la sociedad malagueña fue y sigue siendo de enorme importancia. De nuevo, las voces de los informantes de nuestro corpus nos ayudaron a recordar a las víctimas directas e indirectas de esas lacras y a las personas que ayudaron a superarlas.

En cuanto a la drogodependencia, cabría señalar que el consumo de drogas distintas al tabaco y el alcohol en Málaga empieza a generalizarse a partir de los años setenta, cobrando especial importancia en los ochenta y llegando a su culmen en los noventa. En un proceso paralelo a los cambios sufridos a nivel político, socioeconómico y comercial:

EJEMPLO 36

[85_ESPE_044] Nuestras ciudades encierran miles de vidas incompletas que ansiosamente buscan un asidero que los libere de su soterrada angustia. Problemas latentes que no encuentran cauces de solución. La urbana máquina socioeconómica atrapa entre sus engranajes a seres que no pueden, no quieren, o no saben seguir su rápido y desconcertante andadura y que, una vez trabados, difícilmente pueden mantener su ritmo.

La drogadicción se establecerá como una parte intrínseca del espacio urbano de los nuevos barrios de la periferia malacitana como Nuevo San Andrés y Palma-Palmilla lo que dio lugar a olas de delincuencia y a una degradación de los ámbitos familiares de los drogodependientes (Hurtado Juárez y Blanco Fajardo 2019):

---

[33] Un artículo relativamente reciente aducía: «Si usted pregunta a cualquier representante del sector turístico o a agentes inmobiliarios le dirán que el proyecto que más urge en la ciudad es la integración urbana del cauce del río del Guadalmedina. Ya está redactado el plan especial, pero el asunto avanza lentamente», José Antonio Sau (abril 3, 2021). «La aprobación inicial del plan del Guadalmedina, a la espera de acabar la evaluación ambiental», *La Opinión de Málaga*.

EJEMPLO 37

[85_ESPE_046] Yo soy drogadicta. Empecé por desprecio al mundo que me rodeaba. Ahora me encuentro totalmente en vilo. Necesito mucho dinero para la droga, muchas veces no puedo pagarla. Me obligan / me obligan a que la reparta a quien no está enviciada / u otras tengo que prostituir mi cuerpo para conseguir dinero. Mi padre me ha echado de casa, nadie me toma para trabajar.

Se trataba de un drama nacional, donde la llamada dama blanca o caballo iba llenando los rincones de los barrios periféricos y de los cascos antiguos del país con muertos vivientes, muchos de los cuales terminaban en los cementerios.

En este contexto aparecieron en España iniciativas que intentaron atajar el problema y salvar vidas. A menudo sus promotores eran las mismas madres y padres de las víctimas que buscaban un medio para ayudar a sus vástagos antes de que fuera muy tarde o personas que percibían que los fuertes cambios sociales dejaban atrás un rastro de desequilibrios en las capas más frágiles de la sociedad. Una de esas iniciativas, enfocada en general en el apoyo de personas en situación de desamparo psicológico, muchas de las cuales terminaban consumiendo drogas duras o alcohol, fue el Teléfono de la esperanza, fundado por Serafín Madrid en Alcalá de Guadaíra en 1971 y con sede en Málaga desde 1976. El director Federico Torres, en colaboración con los equipos de apoyo telefónico de la entidad, rodó una película de 23 minutos de duración que recogió varios testimonios de las situaciones en las que estaban inmersas muchas personas de aquella época, funcionando así como un espejo de la problemática social.

Esa problemática no se limitaba a la drogadicción. Las transformaciones económicas tuvieron enormes repercusiones en la economía familiar y el éxodo rural ya había roto las redes de apoyo orgánicas de antaño. El problema de la tercera edad y de su difícil ajuste en la vida contemporánea se hace patente a través de estas palabras:

EJEMPLO 38

[85_ESPE_049] Me encuentro totalmente marginado del mundo que me rodea. Siento que él camina mucho más deprisa de lo que puedo andar. No comprendo sus ideas ni entiendo cómo es así. Nadie me necesita, todos me recriminan, nada puedo hacer y de nada sirve lo que haga. Mi familia me quiere enviar a un asilo y yo me pregunto cada noche si todo lo que viví ayer ya no sirve para nadie.

Ante esas situaciones dramáticas, se notó un auge de los suicidios. La muerte parecía la solución más sencilla ante situaciones demasiado complejas como para ser afrontadas por meros individuos:

EJEMPLO 39

[85_ESPE_050] Estoy muy deprimido. Me veo rodeado de una niebla sin salida / sin horizante // a veces pienso en la muerte como una liberación / y en mis hijos // y la tan dura lucha / que les espera // y pienso en matarlos. Estoy muy solo entre la gente / vamos todos a la destrucción / no hay quien lo detenga, la muerte es la única que nos puede <ininteligible> / yo pienso y pienso / y no veo ninguna salida.

Esas breves pinceladas de la problemática social de los años ochenta, más que recordar una Málaga que creemos que ya no existe, tal vez deberían propiciar una nueva mirada a nuestra realidad inmediata. Contrariamente a la actitud que hemos adoptado en el resto de los temas que afloran en nuestro corpus, en este caso no se trata tanto de museizar experiencias ya pasadas, sino de preguntarse acerca de su vigencia en la Málaga actual. En una época en la que se ha individualizado todo y en la que la cobertura de los grandes problemas sociales es cada vez más limitada ante el ruido ambiental dominante, esas voces, que vivieron la primera época de aparición de esos mismos problemas a los que se enfrentan muchos de nuestros conciudadanos, son fundamentales.

REFERENCIAS BIBLIOGRÁFICAS

ÁLVAREZ CALVENTE, Miguel, «Málaga versus Guadalmedina», *Jábega*, 1 (1973), pp. 28-30.

BLANCO FAJARDO, Sergio y HURTADO JUÁREZ, Manuel, *Drogadicción y género. El caso malacitano en la década de 1980-1990*. VI Congreso Internacional de Historia de Nuestro Tiempo, 2019, pp. 243-257.

RIESCO TERRERO, Ángel, «El archivo Catedral de Málaga: Hacia una nueva reorganización y catalogación de fondos», *Baética: Estudios de Historia Moderna y Contemporánea*, 9 (1986), pp. 269-286.

RODRÍGUEZ DE TEMBLEQUE GARCÍA, Susana E., «El Archivo de la Catedral de Málaga en los albores del siglo XXI », en Esther Cruces Blanco (coord.), *Los archivos y el patrimonio documental en la provincia de Málaga*, Sevilla, Junta de Andalucía, 2009, pp. 155-166.

RODRÍGUEZ DE TEMBLEQUE GARCÍA, Susana E., «La evolución en la formación de los usuarios del archivo de la Catedral de Málaga: de los inventarios manuscritos de la ilustración al catálogo electrónico de la era digital», en Antonio Rafael Fernández Paradas *et al.* (coord.), *Educación y felicidad en las ciencias sociales y humanidades: un enfoque holístico para el desarrollo de la creatividad en la era digital*, Valencia, Tirant lo Blanch, 2019, pp. 431-444.

SOLNIT. Rebecca, *A Paradise Built in Hell*, Londres, Penguin Books, 2010.

6
IMÁGENES SONORAS

Hasta ahora hemos visto que el perfil sociológico de los informantes de nuestro corpus es bastante repetitivo a causa del sesgo analizado anteriormente. Trabajos como el nuestro siempre han tenido dificultades a la hora de encontrar documentos sonoros anteriores a los noventa con informantes de menor edad. Ahora bien, en nuestra búsqueda hemos tenido la suerte de toparnos con algún que otro documento en los que aparecen voces más jóvenes. Este es el caso de Ricardo Teixidor, nacido en Córdoba pero naturalizado malagueño y miembro de uno de los grupos de música más representativos de la llamada movida malagueña de los ochenta, Danza Invisible, que aparece en nuestro corpus en una entrevista que concedió al programa de Radio 3 Costra del Sol. Considerado uno de los máximos exponentes de la escena de nuestra zona y de la cultura joven que rompió con la imagen estereotípica de Málaga que predomina en gran parte de las narraciones y los esquemas discursivos del resto de los informantes de Arqueoling, Teixidor nos permite conocer y recordar esta otra Málaga que se batía entre modernidad y tradición y empezaba a descubrir un nuevo mundo hasta entonces vedado [34].

Los objetivos de gente como Teixidor siempre iban mucho más allá de la esfera local, en un indicio más de las vertiginosas transformaciones que empezaba a vivir nuestra región. Era ese un terreno desconocido, donde los jóvenes artistas apenas contaban con apoyos y estructuras empresariales y culturales que les ayudasen a desarrollar su música y a llegar al público. El carácter *underground* de esa escena musical era algo consustancial de su propia identidad, hecho que no obstante se compensaba con una formidable ética de trabajo:

---

[34] Imprescindible para conocer esta época Cabrera y Petry 2010.

EJEMPLO 40

[87_MUS_A_129] La gente creía que iba a ser un grupo de estos más que sale y que bueno funciona a nivel provincial, que tiene sus amigos que le siguen pero nada más, y la cosa ha ido a más porque ha habido un trabajo ¿no? Yo pienso que todo con constancia y con trabajo se tiene que conseguir.

Los jóvenes malagueños querían llegar lejos y sus ganas de llegar al público europeo (no olvidemos la integración de España en la CEE en 1982) preconizan nuestra actualidad de intercambio constante de géneros y artistas entre las distintas partes del continente:

EJEMPLO 41

[87_MUS_A_129] Los españoles que, como yo, pues salga otra gente que haga cosas en el idioma, digamos, nativo del rock and roll y que / que pueda funcionar a nivel europeo.

La música de estos artistas, todos ellos formados en las tradiciones musicales estadounidenses y británicas [35], adoptaba formatos foráneos y se expresaba en el idioma que había comenzado a conquistar el mundo, el inglés.

En la entrevista de otro grupo de música en el mismo programa vuelve a surgir el choque aparente entre lo supuestamente propio y lo importado, a raíz, de nuevo, de la cuestión del idioma:

EJEMPLO 42

[87_MUS_B_130] Periodista: El inglés y el español con qué con qué idioma os quedáis ahora mismo para lo que más os gusta / ¿qué qué preferís?
A: Yo prefiero el español.
B: Nos quedamos el español / lo que pasa es que / nosotros.

---

[35] El propio Teixidor hace una férrea defensa de la cultura y del arte, apuntando que los padres «deberían iniciar a sus hijos en lo que yo creo que es lo más bonito de la vida que es el arte». Es una imagen que rara vez permeaba en los medios de comunicación generalistas y que nuestro trabajo permite rescatar y reconstituir como prueba fehaciente de la validez de cualquier expresión artística basada en el trabajo y el cultivo del buen gusto.

Es curioso constatar la fijación de los periodistas con este tema que, en ambos documentos sonoros, da lugar a extensas explicaciones casi apologéticas de los artistas. Las batallas ideológicas siempre encuentran en la lengua un terreno fértil donde hacerse notar (Woolard y Schieffelin 1994; Schneider *et al.* 2017):

EJEMPLO 43

[87_MUS_B_131] En inglés se modula de una forma / en inglés se modula de una forma y se dice y se expresa de una forma y en español de otra. Entonces tiene que ir con el tipo de canción que nosotros estamos haciendo que no es que queramos darle pues nada ningún interés especial para que salga fuera de las fronteras de España no sino lo estamos haciendo no para España solo sino más / más que nada para los malagueños, pero que lo hemos expresado así simplemente.

Mientras tanto, lejos de los estudios, en los hogares de los protagonistas de la movida malagueña, que resurge en un programa de Sur Televisión sobre la calle Larios, un joven de diecisiete años se gana su sustento diario limpiando botas acompañando su labor con cante:

EJEMPLO 44

[88_CLAR_D_136] Ahora te voy a limpiar los zapatos con música / lo que no hace nadie aquí en Málaga / unas veces me hago dos o tres mil calas / le doy a la parienta // dos mil pesetas / me quedo con mil pesetas // me bebo mis copitas con mis amigos mis primos / me voy a La Palmilla / me echo mis cantecitas allí / buen buen rollo con todo el mundo / todo el mundo me quiere por eso.

Esta breve y rarísima estampa de un malagueño que vive en la periferia más absoluta social, económica y culturalmente provoca un manifiesto contraste con el mundo anteriormente descrito. José Fernández, el limpiabotas-cantaor de la calle Larios, está ubicado en un universo paralelo al de Ricardo Teixidor, pero ambos constituyen una prueba más de la infinita complejidad y disparidad que trajo consigo la modernidad a nuestra ciudad.

REFERENCIAS BIBLIOGRÁFICAS

CABRERA, José Luis y PETRY, Lutz, *Málaga y la nueva ola. Música y vida nocturna 1979-1985*, Málaga, Alfama, 2010.

SCHNEIDER, Britta *et al.*, «Introduction: Language Ideologies in Music», *Language & Communication*, 52 (2017), pp. 1-6.

WOOLARD, Kathryn A. y SCHIEFFELIN, Bambi B., «Language Ideology», *Annual Review of Anthropology*, 23:1 (1994), pp. 55-82.